讀歷史巧做事
從歷史看做人、

上官雲飛◎編著

前言

走在歷史的風景中

歷史，是一幅絢爛多彩的畫卷，既有耀眼奪目的鮮紅、燦爛激昂的橙黃，又有格調低沉的紫黑，也有歲月久遠的蒼影。

歷史，具有大海的胸懷，以及遼闊的目光，它把一切都看得那麼平淡，又把一切都放在重要的位置上。

而對歷史人物、事件的思考，讓我們對往後的發展，都有了更清晰的走向，無論先人的對與錯，都是我們借鑒及自我評價的樣板。

面對歷史，我們總會有收穫，無論是非與對錯，重要的是如何面對現在？是與對，可以激勵我們，讓我們創造更大的成就；非與錯，固然已造成了損失，卻能警醒我們減少失誤。

讓我們潛下心，與先聖哲人來一段對話吧！讀著歷史的同時，讓我們可以從忙亂的生活中定下心來，從史觀今，面對事情就更能以博大的心胸去容納一切。

讀歷史，不一定會讓我們成為哲人，卻可以讓我們深刻理解做人與做事的道理，成為一個洞悉人事的智者。

歷史，是一面明鏡，古往今來所發生的一切，都能在這裡找到應有的評價。

走在歷史的風景中，能讓我們在歷史的經驗中找到自己的定位。

目次

第十章 自立自強，走向成功 305

第一章

品行，決定你的一生

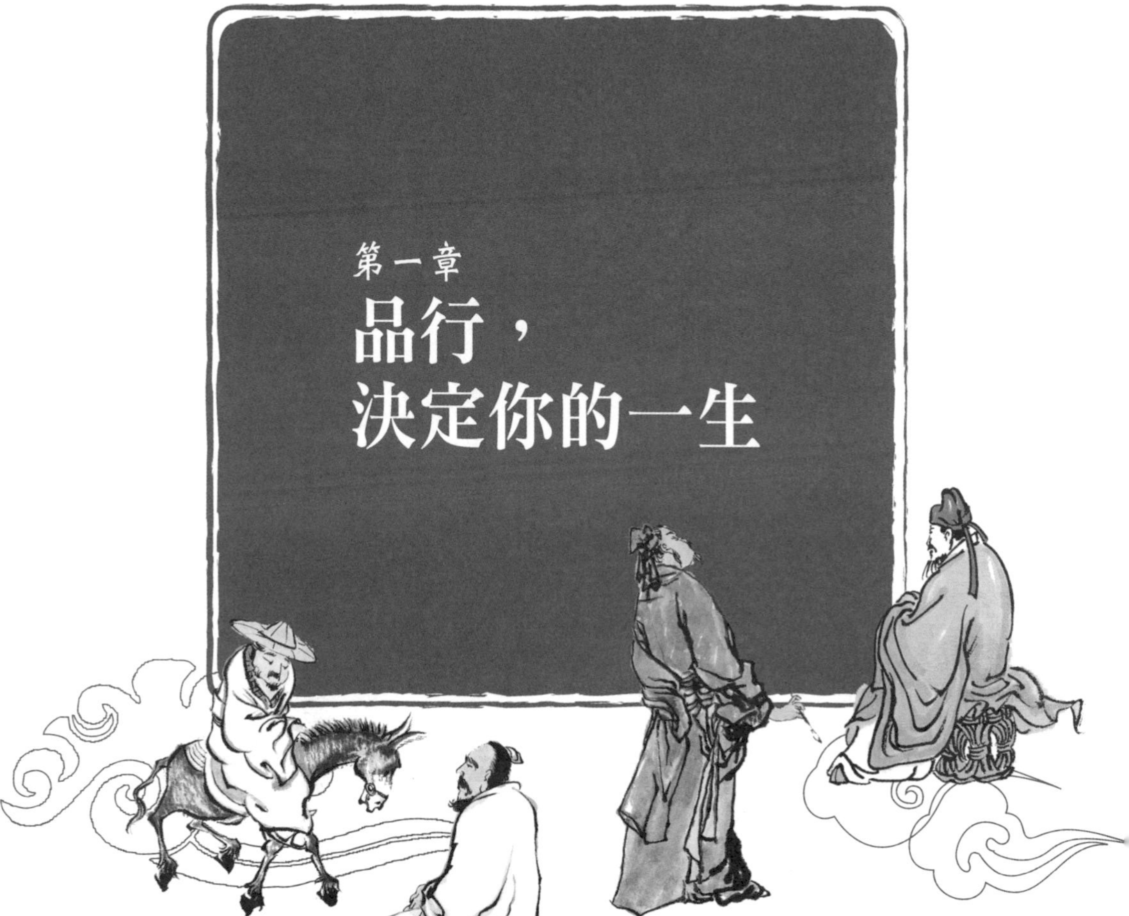

第一則

天下沒有白吃的午餐

當別人無緣無故送東西給你，就要考慮到背後的用意，無功不受祿，貪小便宜往往吃大虧。

春秋時代，晉國逐漸失去霸主的地位，國勢也愈加衰落，到了晉定公的時候，晉國六卿，也就是范、中行、智、趙、魏、韓，這六個氏族的勢力開始強大，並且互相爭權，根本不把國君放在心中。

而范、中行這兩個氏族被消滅之後，智伯又聯合趙、魏、韓三卿，將他們的國君趕出晉國，自此，晉國的大權，盡歸於智伯之手。

然而，智伯的野心不只於此，有一次，他藉著與衛國友好的名義，派出使者，送給衛國侯君禮物。這份禮物是四匹良馬和一枚白璧。只見這四匹良馬長得膘肥體健、四蹄生風，衛侯當然是喜不自勝；再看著通體透白、宛如凝脂的璧玉，更是愛不釋手，拿在手上不停把玩。群臣也認為這是喜事，都前來祝賀。

而在這群大臣當中，有個人為智伯的用心感到猜疑，這個人就是上大夫南文子。

南文子是個很有智慧的人，他來到衛侯面前，沒有道賀，他先看過良馬，再看了璧玉，臉上露出憂慮的神色。

衛侯覺得很奇怪，便問：「智伯派人送給寡人良馬寶璧，大臣們都來向我道賀，而您卻面帶憂慮，這到底是怎麼回事？」

南文子慎重地說：「我們沒有任何功勞卻受到賞賜，沒有勢力卻收到重禮，這不能不考慮智伯送禮給我們的用意。再說這良馬與璧玉，向來都是小國進貢給大國的禮物，而現在智伯卻把禮物送給我們衛國，您不覺得奇怪嗎？再說，眼下智伯獨攬晉國大權，野心非常明顯，又怎麼會向衛國結好呢？」

衛侯有些明白了。

南文子又說：「臣以為，智伯定有併吞衛國，壯大自己勢力的企圖，國君不可不嚴防呀！」衛侯一聽，大為焦急，立刻命令大將屯兵邊境，嚴加戒備。

之後，智伯果然發兵前來偷襲，當他帶著大隊人馬，剛到邊境，就見到衛國邊防戒備森嚴，已經做好布署，只好歎了口氣說：「衛國有賢人已料到我的計謀了。」只得悻悻然回去。

回到晉國的智伯，心有不甘，又想了一個辦法，他與長公子顏假裝父子失和，讓顏假意被他驅逐，帶著部分軍隊投奔衛國，以便裡應外合。

長公子顏依計照做，來到衛國，然而，南文子再次識破這陰謀，他說：「公子顏的賢名遠近皆知，智伯又很寵愛他，會無緣無故逃亡衛國，其中必然有詐。」他對晉國來的使者說：「衛國可以收留公子顏，但他的車乘若超過五輛，就不許入境。」

智伯聽說此事，讚歎道：「南文子真是料兵如神啊。」於是，打消偷襲的念頭。

南文子識破了智伯的詭計，不僅靠的是自己的智慧，還有高尚的品格，使衛國免除滅頂之災。

「天上掉下來的禮物」，究竟是福還是禍？不屬於自己的錢財，最好還是不要納入自己口袋，免得惹禍上身。

當有人跟你說，有個簡單的方法，就可以賺大錢，你聽還是不聽呢？老鼠會便是利用人性的貪婪，先吸引你進去他們的組織，再以利益誘惑你，然後慢慢叫你吐出錢。

許多詐騙集團也是如此，先釋出一點好處，再放長線釣大魚，其結果可想而知。

我們想要明哲保身，避免麻煩，最好的方法就是不屬於我們的錢財，就不要想去得到，要如何避免被欺騙的情況發生，就是不要被利益所誘惑，如此才能遠離災禍。

第二則

人不信則不立

承諾，是一個人的信用，一旦開口就該努力去兌現，出爾反爾，反而會讓人對你失去信任。

西元前六八一年，齊桓公奉王命以臨諸侯，佈告宋、魯、陳、蔡、衛、鄭、曹、邾諸國，約三月朔日，要在齊地北杏會盟。

不料日期已到，魯國卻抗命不願前來赴會，齊桓公便以毀約之名，起兵征討。齊軍率領大隊軍馬，勢如破竹，很快地就把魯國打敗，魯莊公驚惶失措，只得修書請和：

「孤有犬馬之疾，未能如約赴會。君以大義責備，孤知罪矣！然城下之盟，孤實恥之。若退舍於君之境上，孤敢不捧玉帛以從！」

見魯莊公已經知罪，齊桓公也就允諾退兵，並約好在齊國柯地之地，讓魯莊公前來謝罪請盟。

魯莊公準備離開之時，向他的大臣說：「寡人越境求盟，誰肯同行，保全君臣體面？」將軍曹沫欣然請命。

到了那天，齊桓公令他的士兵在壇下守衛著，七層壇階都有將士把守，遠遠望去，旗甲鮮明，戟戈耀眼，一派整肅氣氛。儐相傳令：「只許魯國一君一臣登壇，任何人不得隨行！」

只見魯莊公臉色灰白，腳都快站不住了，他巍巍往前，而曹沫帶著佩劍，全無懼色。君臣二人才剛登上第一層壇，齊國的士兵便阻攔說：「今日兩君會盟，不准攜帶兵器。」曹沫瞪大了雙眼，齊兵覺得這個人不好惹，退了下去，曹沫遂順利保護魯莊公直至壇上。

兩君相見，免不了說些客套話，魯莊公自知理虧，不論齊桓公說什麼，他只能稱是。兩國國君正要在香案之前，歃血盟誓，曹沫突然右手拔劍，左手抓緊齊桓公的衣袖，厲聲請命：「請齊侯歸還魯國汶陽之地，兩國休兵方能盟好。」

事出突然，齊桓公嚇了一跳！但情勢所逼，他雖然不情願，但也指天發誓，當面答應。這時，曹沫才丟下佩劍，又拜又謝。兩國國君這才舉行了隆重的歃盟儀式。

事後，齊國諸臣打算抓住魯侯，以報曹沫之辱。齊桓公則說：「寡人已經答應曹沫，不能夠恃強欺弱。匹夫有約，尚不失信，況且是一國之君呢？為了一時的氣憤，劫持魯侯，殺了曹沫，一定會在諸侯面前失去信義，被天下人所看不起的。」

第二天，齊桓公準備了酒菜，為魯莊公君臣送行。隨後，命南鄙邑宰將齊國侵占汶陽的土地，盡數交割，還歸魯國。

列國諸侯聽到此事之後，皆臣服齊桓公的信義，稱讚說：「齊侯真是守信義的賢明君主，和齊聯盟盡可放心。」

後來，齊桓公被眾諸侯推舉稱霸。之所以如此，不只是因為齊國軍力強盛，齊桓公的信義也是一個重要原因。

不論是在社會、職場，甚至家庭，沒有信任就沒辦法維持和諧。信用，是人與人相處的重要關鍵。

一個人言而有信，人們才敢將事情交待寄託給你。一個有信用的人，做任何事都無往不利。

我們在立下承諾之前，也要知道自己做不做得到？做不到，就不要答應；答應了，就要好好去做。要知道，建立信用要花很久的時間；但是破壞信用，卻只要一瞬間。

第三則

轉化他人的批評成為有效的回饋

在充滿競爭的社會，只有廣泛聽取意見，接納和吸取眾人的才智，採取應對措施，才能在競爭中立於不敗之地。

戰國初年，魏文侯禮賢下士，言而有信，團結友鄰，使得魏國迅速強大。魏文侯不僅拜卜子夏、田子方為國師，每次經過名士段干木的家門口時，也都會在車上俯首行禮。四方賢才聽聞都前來歸附他。

不過魏文侯最為人所知的，便是他樂於接受他人意見。有一次，他派大將樂羊攻打中山國，一舉攻克，他便把中山國封給自己的兒子。

後來，魏文侯問群臣：「我這個君主怎麼樣？」大家異口同聲地說：「您是仁德的君主！」只有任座直言說：「您得了中山國，不封給您的弟弟，卻封給自己的兒子，這算什麼仁德君主！」魏文侯臉色一變，似卻動怒，正要發作之時，任座便見勢不妙，而快步離開了。

接著，魏文侯又問翟璜，翟璜回答說：「您是仁德君主。」魏文侯問：「何以見得？」

翟璜回答說：「我聽說國君仁德，他的臣子就敢直言。剛才任座之言很耿直不晦但未見您動怒，因此我知道您是仁德君主。」

魏文侯有所領悟，立刻派人將任座請回來，並且還親自下殿迎接，把他奉為上賓。

又有一次，魏文侯與田子方一起飲酒，席中有樂官奏樂助興。文侯聽了聽，覺得有些不對勁，就說：「編鐘的樂音好像有些不協調。」田子方聞言，微微一笑。

魏文侯十分詫異：「你笑什麼？」田子方侃侃而談：「臣曾聽人說，國君懂得任用樂官，不必懂得樂音。現在國君您精通樂音，我可有些擔心您會疏忽了任用官員的職責。」魏文侯點頭說：「您說得太好了。」

魏文侯之所以能贏得眾諸侯的尊敬，就是因為他善於採納群臣的建議，懂得虛心接受，不會一意孤行。一國的君王肯以開放的心胸去接受諫言，如此，國家自然強盛。

人都有盲點，看不見自己的過失，一個人如果肯接受他人的批評，改正自己的缺失，很快地，缺點就會消失；最怕的是明明知道其他人說的是真話，卻拉不下臉，惱羞成怒，這樣的話，只有永遠停留原地，沒有進步空間了。

第四則

以天下蒼生為己任

一個人能將其他人的利益看得比自己還重，即便在困境中仍能幫助別人，難能可貴。

有一次，魏文侯想要遴選宰相，他所屬意的人選有兩位，一位是魏成，一位是翟璜。魏成很不錯，翟璜也不遑多讓，選了這個怕失去那個，他大為煩惱，便徵求李克的意見。

魏文侯說：「先生曾經說過，家貧要有賢妻，國亂要有名相。現在丞相的人選有魏成和翟璜二人，這兩個人都非常優秀，究竟要選誰呢？」

李克道：「鑒定人物的原則，有以下五項：當一個人際遇不佳時，會和誰親近？當他富裕的時候，又曾經幫助過誰？位高權重時，又會任用什麼樣的人？在困境的時候，是不是還能夠堅持原則、守正不阿？貧窮的時候，是不是能去掉貪念，不為利所動？國君只要依照這五項原則來決定就可以了。」

魏文侯恍然大悟。「嗯！有道理，我已經想好了。」

李克離開王宮，在回家的路上，經過翟璜的住處，進去和他聊一下，並談起魏文侯選擇宰相的事情，重述了這段談話。

翟璜問李克：「依閣下看，魏文侯會決定用誰呢？」

「恐怕是魏成吧！」

「這就奇怪了，我哪一點比魏成差呢？更何況還是我把你介紹給魏文侯啊！」翟璜不滿地說道。

李克嚴肅地說道：「大人該不會是為了自己升官，想要自組派系，才把我推薦給魏文侯的吧？我只不過是提供他幾個原則，而最終決定宰相的人還是魏文侯自己。依我看來，魏成被拔擢為宰相的可能性比較大。

因為魏成能夠把他十分之九的薪俸施捨給別人，自己只留下十分之一，因此獲得國君的老師子夏、田子方、段干木這三人的支持，而大人所推薦的五個人，只不過是魏文侯一般的臣子罷了！」翟璜聽了之後，知道自己差在哪裡了？他低下頭來向李克道歉，懊悔自己的自大。

很多人在日常生活當中，就已經表現出高尚的一面，這種道德情操對人格的發展很重要，而旁邊的人看在眼裡，也會記在心上，自然而然會被他所吸引。

魏成和翟璜的差異就在於，魏成願意為他人無私的付出。他這種樂善好施的精神，為他帶來了良好的名聲。

一個人如果把別人看得比自己還重，心繫蒼生，心胸必然與眾不同，受人尊重。

第五則

立場堅定則大事不含糊

人在緊急的時候，要堅持自己的立場並不容易，既需要自己的人格魅力，還需要聰明的智慧。

宋太宗任用官吏非常用心，很少有官吏能夠玩弄權勢、欺上瞞下，尤其是丞相的人選，大多能夠發揮政治才能，盡職盡責，不負他的期望。

宋太宗任用的最後一位丞相是呂端，他是一位極為優秀的政治人才。呂端才上任不久，就有人說：「呂端處理事務的能力不值得信賴。」可是了解呂端的宋太宗聽到這句話時，卻為他辯駁：「呂端處理小事的確不怎麼樣，但是大事卻難不倒他。」

日後，宋太宗病危，朝中勢力強大的宦官繼高，想廢掉太子，改立能被他操控的長子元佐為新帝，朝中許多大臣都表示贊同，事態十分嚴峻，宋太宗駕崩之後，皇后立即命繼高召見呂端。

呂端當然知道繼高和皇后的用意，但先王所託，他絕對不能辜負。於是繼高來的時候，他先把繼高騙到書庫，反鎖起來，再逕自到宮裡晉見皇后。

皇后見他前來，就開始商量嗣位一事，呂端毫不動搖，義正詞嚴，凜然回答：「先帝事先決定太子，就是為了防患於未然，沒有什麼好商量的。」皇后聽到這裡，知道呂端的心意，也無話可說。

接著，呂端馬上召集群臣，舉行太子的登基大典。太子登基的時候，在皇帝的座前有垂簾，呂端甚至要求揭開簾幕，確認是先帝所立的太子，才和百官一起跪拜新任太子。

等到繼高從書庫被放出來時，太子已經登基，他無計可施了。

正如宋太宗所言，呂端處理朝政大事，立場堅定，一點都不含糊，就算情勢有變，他也能堅持自己的立場不為所動，令人佩服。

面對局勢的改變，很多人會為了自己的利益，紛紛拋棄原來的立場，為了求生存，這是人之常情。

但那些能夠堅持立場，毫不動搖，維持自己信念的人，可屬大不易了，他們既要迫於局勢的改變，還要捍衛自己的信念，往往處在煎熬當中，他們的心性比一班人更為堅毅，對真理也相當執著。

一個立場堅定的人，不論任何事情都不會改變他們的心念，道德情操也很高，對這樣的人，我們實感敬佩。

第六則

一諾千金真丈夫

誠信乃「為人之道，為事之本」。一個人，一個企業，乃至一個國家，如果沒有了誠信，難逃名存實亡的命運。

西元前三百五十九年，商鞅準備實行變法改革，但秦國的貴族恐損及他們的利益，都予以反對。

商鞅對秦孝公說：「一個偉大的人，想要有一番作為，就不能附和一般的人，這些普通人是沒辦法和他們談論要事、共議大業的。想要使國家興盛，就不能拘泥於舊有的傳統，要不然沒有辦法進步。」

大夫甘龍反駁說：「按照舊法來治理國家，才能使官員熟悉規矩，百姓才能安居樂業。」

商鞅說：「普通人只知道安於舊習，一般學士會被自己的學問所侷限，這兩種人只能做官守法，而無法和他們商討開創大業。一個聰明而有遠見的人，制訂新的法規政策，國家才會進步，愚笨的人只會拘泥於現狀，裹足不前；一個有賢德才能的人，會因時勢改變而有新氣象；無能的人則墨守成規，一點作為也沒有。」這番話說服了秦孝公，於是秦孝公任命商鞅為左庶長。

新的法令已經制訂，還沒有公布，商鞅擔心百姓會難以信服，就想了法子：他命令下屬在國都的南門集市，放了一根長三丈的木桿，還貼出告示表示「如果有人能把此三丈木桿拿到北門去，就賞十金。」

十兩金子，是很大的誘惑，只是百姓們覺得這事也太離奇了，心想沒有這麼好的事，沒有人前去行動。

商鞅知道還沒有人搬木桿，於是又重新公布：「凡是能將木桿從南門拿到北門的人，可以重賞五十金。」

重賞之下，必有勇夫，這時候有個人想到拿著木桿從南門走到北門也沒有什損失，而這木桿對他來說也不是什麼難事，便扛起木桿，朝北門走去。百姓看了都紛紛跟在他的身邊，想知道能不能得到賞金。

當這個人把木桿拿到北門，商鞅立即賞此人五十金，這時百姓都知道這個消息，明瞭商鞅說到做到、言而有信。於是，商鞅下令頒布變法法令，很快得到大家的擁護。

商鞅變法之所以能夠這麼順利實施，使秦國成為歷史上的強國，與商鞅的變法緊密相關。

商鞅能夠這麼成功，是因為他說一是一、說二是二，雖然變法嚴苛，但也讓人見識到他的認真以及信用。

信用可以說是人與人之間的誠信，當誠信建立起來，人們才會對你產生信任、信賴感，覺得你這個人十分可靠而給予寄託。

信用，也是一個人的道德體現，是說到做到的表現，一個人言行一致時，自然也就無往不利了。

松下幸之助曾說：「信用既是無形的力量，也是無形的財富。」足見誠信對我們本身的肯定，還有理想的追求都是很大的幫助。

第七則

真誠贏得尊重

真正的忠誠，不是消極的跟隨，而是積極的協助；是根據自己崇高的目標而付出的真誠。

西元前五百九十七年，楚莊王率軍攻打鄭國，攻破郊圍，直抵鄭都。鄭襄公急忙派遣使者，向晉國求救；鄭國堅守半個月，軍士死傷甚眾。

後來楚國攻到城門下，鄭襄王只得親自謝罪請盟，楚國獲得勝利，但正當楚莊王準備班師回朝時，晉國的大將荀林父、副將先穀已經率領援軍趕到了。

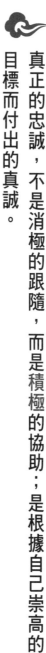

因為剛和鄭國打完戰，士兵們都已經很累了，楚莊王遂派出使者，表示要停止戰爭。荀林父答應了，先穀卻大為反對，他對著楚國的使者痛罵：「你們奪我屬國，又想要談和，就算元帥答應，我也決計不肯，務必要殺得你們片甲不留！」於是先穀違背荀林父的命令，私自出戰，造成晉軍大敗，喪權辱國。

晉景公知道了，怒氣沖沖，他命令將大將荀林父推出斬首。荀林父歎息道：「我身為三軍統帥，兵敗而喪師，死而無怨。請國君汲取這次失敗的教訓，讓晉國再強大起來……」群臣聽了，都覺得荀林父有功於晉國，打一次敗仗就處死刑未免不合情理，便有人為他求情。

「敗軍之帥，罪大當誅。有再多言者，與荀林父同罪！」晉景公沒有一點商量的餘地。這句話一說出口，誰也不敢再說句公道話了，大家都怕項上人頭不保。

「主公請賜臣一死，留下晉國統帥！」這時，有人開口了，晉景公見是自己平日喜愛的臣子士會，大為氣惱，但想到要殺掉士會，他還真捨不得。

士會毫無畏懼，坦然說道：「荀林父是我們晉國的棟樑，屢建戰功，進則盡忠，退則思過，這樣的人殺了，只會讓敵國高興，而於我們有弊無利啊！國君一定還記得城濮之戰吧？當時我軍大敗楚軍，繳獲無數兵械財物，但先君仍懷憂慮說：『楚帥成得臣善戰，只要他活著，晉國便無安寧。』後來，成得臣在回楚國的路上自殺了，先王高興得手舞足蹈。果然，楚國兩代一蹶不振。從這件事上不難看出，一個有治軍能力的統帥，對一個國家有多重要。王上何不讓荀林父戴罪立功呢？」

晉景公靜靜聽著，怒氣也消了。後來，他聽從士會的意見，斬了違抗帥令的先穀，恢復了荀林父原職。命六卿治兵練將，為待機復仇做好準備。

真正的忠誠是敢於冒死直諫，沒有私心，毫無畏懼，即使面對生命的威脅，也不會變更自己的初心。

我們對於忠誠也要有正確的了解，所謂忠誠，是知道自己所言、所做，都是為了國家、為社稷謀福利的人，而不是一味的支持。

士會不畏晉景公的威脅而開口，為晉國留下了一名大將，是因為他待君王以忠，待國家以誠啊！

第八則

得饒人處且饒人

人情留一線，日後好相見，有些人可能是無心之過，懂得寬容，也等於是給對方和自己都多些機會。

西元前六百零六年，有一次楚莊王滅了叛黨，回到郢都，開了一個慶功會，君臣們興致高昂，從白天一直喝到晚上都未停歇。

喝到後來，天已經黑了，楚莊王就命人點上蠟蠋，繼續喝酒，同時吩咐他最寵愛的妾許姬出來為群臣斟酒，將領們興致都很高昂。

許姬一一為群臣倒酒，突然，一陣風吹到大廳上，滅了所有的蠟燭。這時候，有個人趁機拉住許姬的袖子，許姬趁亂之中，將那個人的帽子揪了下來，然後快步來到楚莊王身邊，告訴了他這件事，希望楚莊王給她討個公道。

調戲君王的寵姬，無疑是對君王的羞侮，這可是大逆不道的行為啊！但楚莊王並沒說什麼，只聽他高聲一喊：「寡人今日要與諸卿開懷暢飲，大家統統把帽子摘下來吧！」

文武官員覺得莫名其妙，王命又不敢不從，當他們把帽子都摘下後，楚莊王才叫人點上蠟燭，又叫人端上許多酒。由始自終，楚莊王和許姬始終不知道拉袖子的人是誰？

散席後，許姬責怪起楚莊王。楚莊王笑笑說：「今天是我宴請文武百官，大家很高興，喝得都差不多了，酒醉出現狂態，這又有什麼奇怪呢？如果將那個人查了出來，只會讓群臣對我感到懼意，到時不歡而散，還會說我的胸懷和度量太小，那以後誰還會為我拚死效勞呢？」許姬聽了無話可說。

後來，楚國與鄭國交戰時，前部主帥的副將唐狡，自告奮勇，帶著一百多人做先鋒，為大軍開路。他戰無不勝，攻無不克，使楚軍進展順利。

後來楚莊王要厚賞唐狡。唐狡卻紅著臉說：「大王不用重賞了，只要不治我的罪，末將已感激不盡了。」

楚莊王奇怪地問：「為什麼呢？」

唐狡磕頭答道：「上次喝酒的時候，醉後失態而拉了許姬之手的人，便是我呀！蒙大王昔日不殺之恩，末將今日才能捨命相報啊！」楚莊王大喜，還是重賞了他。

人都有犯錯的時候，如果能夠給人一些反省、改過的機會，又何嘗不是美事一樁。

處理事情不是只有嚴懲一途，有些人犯了大罪，有法律治罪；有些人犯了些小罪，便鬧上法庭，事情也不見解決。

多點寬容，給對方一個痛定思痛，反省、改過的機會，未嘗不是另外一種方法？

當然了，我們在給對方改過自新的機會，也要看對方的態度是不是誠懇？是不是真的有心想要改變？多些圓滿，這世界會更和諧。

第九則

偷雞不成蝕把米

人來到這個世界不光是為了金錢，過分注重金錢，最終將會越陷越深，最後造成不可挽回的悲劇。

西元前三一四年，秦惠文王想要發兵攻打齊國，但齊國跟楚國結盟，秦國知道沒辦法成功，便派張儀赴楚遊說。

張儀進到楚國，得知楚懷王的寵臣靳尚「在王左右，言無不從」，知道這個人可以利用。於是先用重金賄絡靳尚，然後去見懷王。

張儀對楚懷王說，秦王派我來與貴國交好，可惜大王與齊國通好，若大王肯與齊國絕交，秦王願把商於之地六百里獻給楚國。

楚懷王一聽，便動了心，他高興地對張儀說：「你們若肯還我們的土地，我又何必要跟齊國友好呢？」

此事遭到大臣陳軫的極力反對，靳尚卻為之辯護說：「不跟齊國斷交，秦國怎麼願意將土地還給我們？」

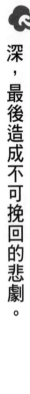

事已定局，楚懷王遂以相印授張儀，並送給他良馬、黃金，之後與齊國斷交，同時還派使臣隨張儀回去秦國，以接受商於之地。

張儀回到咸陽之後，就稱病不出，等到齊國跟楚國已經離間成功之後，他便跟楚國的使臣說獻給楚王的土地是六里，而不是六百里。楚懷王惱羞成怒，在西元前三一二年，派十萬大軍攻打秦國，結果兵敗將亡。

那些跟楚懷王一樣，看到好處，就忘了道義的人，只要用金錢利益誘惑，就能使他們就範，古往今來，不乏這種例子。利令智昏，必然亂謀，從而上當受騙。

金錢不是萬能的，楚懷王失去的不只是原本講好的六百里地，還有跟齊國的同盟，這可不是送上萬兩黃金，就可以彌補起來的。

因為金錢而失去了更龐大的價值，這種人是最傻的，有些價值雖沒辦法利用尺規、磅秤去計量，但卻遠遠超過金錢所給予的協助。

一個人要擺正對金錢的追求態度，樹立正確的世界觀和價值觀，正確地對待利益和誘惑，才能正身修性，不至於利令智昏，要不然就會像楚懷王一樣，貪利不得反失利了。

第十則

將心比心是做人的一種美德

在現實生活中，總會遇到很多爭端，當下人們首先考慮的都是自己的利益，然而設身處地為對方著想，才能達成共識，解決問題。

明朝宰相嚴訥，很重視教育。有一年，他準備資助家鄉建立一座學堂，在規劃土地時，自然碰到民房拆遷問題。

嚴訥告誡當地政府，處理拆遷一事，一定要合情合理，不要驚擾到百姓，下屬也都樂於聽命，由於處理得當，房屋規劃進行得很順利。

眼看就要結束時，在地基的邊緣，有一座破舊的民房，主管人去查看時，見是一家賣果酒蔬菜的小店，就對屋主說：「嚴宰相資助家鄉蓋學堂，你這房子正好在其範圍內，需要拆遷，你就出個價吧！」

然而屋主世世代代都居住此處，要他們搬走也捨不得，而且把屋子賣了，也覺得愧對祖先，雖然屋主打從心裡，很欽佩嚴訥，但心裡實在矛盾，他便說：「嚴大人為民著想，小民感激不盡。可是我這房屋是祖上傳下來的，要是在我手中丟了，又覺得愧對列祖列宗，小民也很為難啊！您就把俺的心事稟明嚴大人吧！希望他能夠諒解。」

因為嚴宰相一再告誡不能對民動粗，主管這件事的人說不下去了，只得回頭向宰相稟報。

嚴訥聽了彙報，想了想說：「他不肯賣就不必硬買。先動工其他的房屋，這戶人家我自有辦法。」

主管人聽宰相如此說，覺得好奇，便向他請教。嚴訥說：「不過是投其所好罷了，到時候工地所需要的酒菜、蔬果，全由這戶人家去買，價格隨他，而且要預先付款。」主管人不明白嚴訥在想什麼？心裡雖犯嘀咕，卻也沒說什麼，聽話照做就是。

學堂如期動工，興建工程如火如荼展開。

興建工程需要人力，有人的地方，就需要吃飯，而幾百個人的吃喝，全由那戶人家採辦，往日蕭條的生意，一下子變得興隆了！

這戶人家全部的人都出來幫忙了！他們一早就起床，忙到半夜，還沒辦法休息，忙不過來時，還得雇人幫忙。學堂的地基還未打好，這家人就已經賺了不少錢，屋主樂得合不攏嘴。

可有一件事也讓他困擾，就是為了供應這些工人吃飯，屋子裡所擺放的酒菜、蔬果，不只放在地上，還放在桌上、櫃子裡，再這樣下去，恐怕連床都得讓這些貨物擺放了。看來，這間屋子真的太小了。

嚴訥已將屋主的心理掌握得一清二楚，這時候，他再派人去找店主，說：「過兩天我們還要再增加幾百名工人，你的生意會更發達了！」

屋主高興得滿面紅光，但又非常抱歉：「全仗嚴宰相的關照，我們才有今日的富足。想當初宰相要買下這片地基，我卻捨不下這破陋的小屋，為難你們，也辜負了宰相的厚意，小民實在愧對啦！」

很快，店主主動讓出小屋。嚴訥得知後，連忙吩咐主管人在附近找到一所寬敞舒適的新屋賣給店主，那家人愉快地搬走了。

這事傳出後，人們紛紛讚譽嚴宰相的高尚官品，說他是個有智有謀，又能體諒百姓疾苦的好官。

經過嚴訥宰相的一番努力，不僅讓店主搬遷，而且也為自己贏得了聲譽。這就是將心比心，體現了一個人的智慧和品質。

每個人都有為難的時候，也有立場不同的時候，當對方和我們的意見產生衝突時，不妨先冷靜下來，站在對方的角度，從對方的立場出發，就會平心靜氣，順利和對方化解衝突。

凡是體貼他人，懂得對方的為難與困境，站在對方的角度為他設想，對方也較容易與我們為友。將心比心能夠使我們的距離拉近，氣氛和諧，有同理心的人不但人品高尚，同時也不失為解決問題的好方法。

第二章

心態決定命運

第一則

驕傲使人落後

驕傲的人，只相信自己所見，很容易被矇蔽雙眼，看不清真實的狀況，最後導致失敗。

晉楚城濮決戰時，楚軍初戰失利，主帥成得臣氣得七竅生煙，暴跳如雷，聲色俱厲地訓話。而楚國大軍被主帥教訓，都覺得面子掛不住，想他們楚國乃泱泱大國，國力強盛，怎會在城濮一戰跌了個筋斗？楚軍們暗暗發誓，要挽回失利的恥辱。

次日，楚國的大軍在城濮左面，與晉軍全線對陣。主帥登高遠望，嘴角露出一絲冷笑，因為他發現晉國的兵馬，並沒有那麼雄猛，派出來的士兵看起來連刀都快拿不住，兵力果然不濟。

他心想：「先前肯定是他們圖了個僥倖，才打了勝戰。妄想靠區區幾隊人馬，就與我大楚勁軍交戰，晉國的君臣也太不自量力了。」

成得臣料定晉軍要左右兩路分兵，於是傳令各將，立即全線進軍，試圖一鼓破敵。軍令一下，楚軍將士便勇猛地向晉軍衝殺過去，軍威雄壯，殺聲盈耳。

不出他所料，那些交戰的晉兵果然不經打，不過幾個回合，便丟盔棄甲，節節敗退，只見晉軍官兵紛紛逃遁，簡直是慌不擇路，逃跑的途中揚起一片塵土。

成得臣在遠方看到，不由得喜形於色，他料定這場仗已是穩操勝算了。他又下令乘勝追擊，親自駕車追趕潰敗的晉軍。只是當大軍追至莘山下一片窪地時，前方目標突然消失了。

「不好，主帥，此地似有埋伏。」楚軍一位副將見狀不對，急忙回來報告說。

這話才剛講完，突然間戰鼓響徹，窪地四周同時殺出了幾路晉軍，左有晉國大將先軫，右有狐毛、胥臣，就連剛剛敗逃的晉軍主將欒枝也調轉車頭，重新殺了回來。

莘山叢林中，另外一路精兵則截住楚軍後路，把楚國大軍圍得水洩不通。楚軍不管怎樣左衝右突，也無法衝出包圍。

原來，晉軍將領欒枝為了誘敵，先派出弱兵，放鬆楚軍心防，詐敗後又讓士兵砍來樹枝，拖在戰車後面，逃跑時能夠揚起漫天煙塵，同時還叫官兵丟棄車馬器械，裝作逃命的樣子，身經百戰的成得臣就這樣被騙到，這才誤入伏擊圈，成了甕中鱉。

晉文公在莘山上見晉軍大獲全勝，傳諭各軍，只要將楚軍趕出宋、衛之境，不必多事，免得傷及兩國之情。

楚軍被趕離開，成得臣收拾殘兵敗將，點一下他所剩餘的兵力，只剩十之一二，不禁仰天歎息道：「縱然楚王願意赦我，我也無顏見楚國父老了。」於是面向楚國，拜了幾拜，拔劍自刎而死。

晉軍正是抓住對方驕兵的弱點，一擊制其死地，才大獲全勝。

許多人在成功的時候，總是被眼前的榮景矇蔽，誤判情勢，以為幸運之神總站在自己這一方，孰不知，稍一分心，就可能讓敵手趁虛而入。

不只在職場、公司，就連在學校考試，也不能志得意滿而輕忽，否則會吃大虧。

驕傲就像一副墨鏡，我們自以為看得清楚，但往往容易被腳底下所忽略的石頭絆倒，而造成損失，功虧一簣。毛澤東就說過：「虛心使人進步，驕傲使人落後。」驕傲，是阻礙成功的絆腳石。

我們在面對各種挑戰，更應小心謹慎，時時檢視自己，有沒有被驕傲控制？找回我們的謙虛，方能進步。

第二則

能屈能伸大丈夫

想要有一番作為，就要先有博大的胸懷和臨危不亂的作風，才能在最佳時機發揮作用。

西漢末年，爆發綠林赤眉起義，而劉秀、劉伯升兄弟也在南陽起兵。後來義軍聯合起來，推舉劉玄為帝。

在義軍發展的過程中，劉秀兄弟逐漸顯出超人的才智和膽識。特別是在昆陽一戰，劉秀臨危不亂，以少勝多，取得了昆陽大捷。

然而大勝之後，義軍開始分裂。有人對劉玄說：「劉秀兄弟才識過人，而且屢立戰功，勢力越來越大。這二人絕非池中之物，此時不除，將來必為禍患。」劉玄覺得有理，便下令殺掉劉秀的哥哥劉伯升。

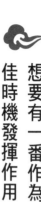

這時，劉秀正帶兵攻打昆城附近的縣城，聽到哥哥被殺，非常悲痛。他明白自己功高震主，已經遭到皇帝劉玄的猜忌，性命懸於一線之間，接下來被殺的對象，就是他了。

本來他也有成王的念頭，只是這時候若起兵反叛，勢力尚弱，根本沒辦法有什麼作為，逃跑或許能夠保住身家性命，然而千秋大業就全部付之東流了。

思來想去，劉秀決定效孫臏裝瘋、以柔克剛之計。於是急令收兵，匆匆趕回宛城，叩見皇上。

一到殿上，他就「撲通」一聲，跪伏在地，這可把劉玄嚇了一跳！劉秀向劉玄連連謝罪，流淚說：「我們兄弟沒有聽從陛下的旨意，真是天大的罪過。我們百死莫贖呀！」劉玄本來就覺得殺害功臣有些過分，見劉秀如此自責，反而不知如何是好？

這時，舊時的部下聽說劉秀回來了，都紛紛前來探望。有人說些激憤的話，為劉秀抱不平，劉秀總是藉口有事，敬而遠之。

為了表明立場，他也不去參加兄長的喪禮，而且沒有半分悲痛的表情，他開始飲酒作樂，談笑風生；跟別人談話，絕口不提自己的功勞，顯出一副唯唯諾諾、不敢違抗的樣子，還不停責備自己，說皇上如此器重自己，自己卻有負他的期望。

這些表現傳到更始帝耳中，劉玄開始鬆懈了。他覺得劉秀這麼忠心，怎麼會背叛呢？後來反而開始內疚，甚至後悔聽信讒言殺害功臣。

劉秀因為他的智慧，免除了這次的劫難，還被加封為破虜大將軍。後來，劉秀看準時機，離開更始帝，在河北建立自己的隊伍。他以河北為基礎，掃蕩群雄，終於統一天下。

劉秀之所以能夠取勝，就是因為他雖然委屈，卻不衝動，也不讓自己的情緒失控，落人話柄，思緒反而更周密嚴謹，除了為自己保全性命，更蓄聚力量，後來一舉取勝。

當局勢並非自己所期待時，不用急著與之抗衡，所謂放手一博，也要審視所有的情況，才有成功的機會。

大丈夫能屈能伸，一個有智慧的人，不會因為當下的困厄，而犧牲自己的未來，相反的，他們的「隱忍」，都是為了成就將來的大業，這才是一個做大事的人該有的胸懷。

如果連性命都不保，那想要有所作為，也沒有依憑了。所以大丈夫能屈能伸，實際是因為他們的目標更高、看得更遠啊！

第三則

忍辱負重，臥薪嚐膽

人都有失敗的時候，善於保存自己的人，才有捲土重來的機會。留得青山在，不怕沒柴燒。

西元前二百零二年冬天，漢將韓信、英布、彭越等人，率領大軍三十萬和項羽交戰，項羽打了敗仗，又被漢將等人追到垓下這個地方，他的兵力大為減少，糧食也快吃光了，與漢軍交戰，又未能取勝，於是便退入營壘固守。

晚上的時候，項羽在帳篷內，想著自己的遭遇，不禁嘆起氣來，想他堂堂一個西楚霸王，如今竟然落得這個下場？不禁倍感淒涼。

這時候，突然營外傳來了楚國的歌曲，他大為驚訝說：「難道漢軍已經全部得到楚國的土地了嗎？為什麼楚人這麼多呀！」

其實這是劉邦教漢兵唱著楚國的民謠，目的是為了打擊項羽的士氣，聽到楚歌，士兵們都流下淚來，項羽的士氣也潰散了，這便是成語「四面楚歌」的由來。

項羽的雄心壯志已失，他一個人喝著悶酒，這時一直長伴他身邊不離不棄的愛妾虞姬前來，和他一同喝酒消愁。

項羽感嘆大勢已去，一杯接著一杯，而這時，虞姬站了起來說要舞劍給項羽看，以解煩悶，同時唱著著名的《垓下歌》：「力拔山兮氣蓋世。時不利兮騅不逝。騅不逝兮可奈何！虞兮虞兮奈若何！」唱完之後，她舉劍自刎，項羽搶救不及，只能眼睜睜的看著她死去。

當夜，項羽親點他的士兵八百多人，當夜騎馬往南奔去。等到天色大亮時，漢軍發覺不對，灌嬰急率五千名騎兵追趕。

項羽一路狂奔，渡過淮河，身邊的騎兵能跟得上他的，只剩下一百多人，抵達陰陵後，項羽一行人迷了路，於是向一位農夫問路。

農夫識得項羽，早就對項羽不滿，故意指給他們錯誤的道路，項羽等人不久便陷進沼澤地，漢軍因此追上了他們。

奮戰之後，項羽又領兵朝東逃去，到達東城，這時候，只剩下二十八個騎兵跟著他，而這時漢騎兵追逐而來的有好幾千人。

項羽料想到這次應該脫不了身了，便對身旁的騎兵們說：「我從起兵到現在，已經八年了，大大小小的戰役，打過七十多次，從來沒有失敗過，才有今日的天下，但今天還是被困在這裡，這是天要亡我，不是我用兵有過錯啊！今天我一定要在這裡，痛痛快快地和你們打一場戰，要和漢將一決生死，務必要斬殺敵將，砍倒漢旗，讓你們知道是天要亡我，而不是我用兵過錯。」隨即把他的人馬分為四隊，向四個方面衝擊，但此時漢軍已將他們重重包圍。

項羽對他的手下說：「看我為你們殺他一員將領！」他和他的手下們約定在山的東邊，分三處會合。

接著，項羽大聲呼喝著，策馬飛奔而下，來勢洶洶，漢軍見狀，被他的氣勢所嚇，軍隊都亂了陣腳。

只見項羽揚起刀，大喝一聲！很快的斬殺了一員漢將，漢軍不知如何是好？此時，郎中騎楊喜追擊項羽，當他來到項羽面前，只見項羽瞪著雙眼，大聲吼罵他，楊喜一干人馬受到驚嚇，竟退避好幾里！

項羽趁著這個機會，和他的手下會合，漢軍不知道項羽在哪裡？於是分兵二路，等他們見到項軍，又把他們重新包圍起來。

項羽毫不退縮，又斬殺了漢軍一名都尉，並殺掉漢軍一百多人，重新聚攏了他的騎兵，僅僅損失了兩名騎兵。

項羽笑著對他的手下說：「怎麼樣啊？」騎兵們都敬服地說：「正跟大王您所說的一樣。」

這時，項羽已經到達烏江邊，烏江亭長已經把船停泊在岸邊等著他，對項羽說：「江東雖然狹小，但是土地方圓千里，民眾有幾十萬人，也足夠您稱王了，望大王您火速渡江！現在這一帶只有我有船，待漢軍到來，將無船渡江。」

項羽笑著說：「老天爺要讓我死，我還渡江做什麼呀！況且當年我與八千江東子弟渡江西征，如今卻沒有一個人跟著我歸還，縱使江東父老憐愛我，仍然以我為王，我又有什麼臉面去見他們啊？即便他們不說什麼，我也無顏再見他們啊！」於是就把自己所騎的駿馬送給亭長，命令騎兵們都下馬步行，手持短兵器具，與漢軍搏戰。

項羽大顯神威，氣蓋山河，僅僅一人就殺死漢軍幾百人，但也身受十多處傷。這時項羽回頭，看見漢軍騎司馬呂馬童，就說：「你不是我的熟人嗎？」呂馬童面對著項羽，指給身邊的中郎騎王翳說：「這就是項羽！」

項羽說：「我聽說漢王懸賞千金，要買我的頭，便可以得到封地，看在相識一場的份上，我就留給你一些恩德吧！」當即拔劍自殺。

此刻，王翳衝了上前，取下項羽的頭顱，而其餘騎兵相互踐踏，爭著搶項羽的軀體。到了最後，楊喜、呂馬童和郎中呂勝、楊武等人，各奪得項羽的一部分肢體。五個人把項羽的肢體拼在一起，獻給他們的主子，五人都被封為列侯，分得享用萬戶賦稅收入的封地。

楚漢垓下之戰，劉邦、韓信靈活應用了十面埋伏、四面楚歌之計，終於使得力可拔山、豪氣蓋世的西楚霸王兵敗自刎，從而奠定了大漢王朝四百餘年的基業。

然而，楚霸王一世霸業，全都毀於一役。

項羽也是個英雄，傲氣不可一世，若他能忍一時之氣，可能可以有東山再起之機會，或許我們現在所讀的歷史，就不是這樣子了。

想要完成自己的理想，在遭到挫折時，可能會嚥下很多口氣，像是火氣、怨氣、怒氣……收起自己的驕傲，忍下這一口氣，在適當時候，再給予對方重重一擊！

一個人可以有所傲氣，也有所保留，識時務者為俊傑，何況句踐臥薪嚐膽、忍辱負重，十年生聚、十年教訓，最後終於打敗吳國，將長久以來在吳國所受的氣，一股腦討回來。

千秋大業，原本就不是一般的事業，所遇到的遭遇、疼痛，也比一般人多得更多，在適當的時候沉潛，厚積實力，等到時機到來，必能表現。

想要成就一番事業，除了能力，更要有超乎常人的耐力，許多霸業都是因此成就而來的。

第四則

淡泊名利，榮辱不驚

想要不被欲望左右，需要不斷陶冶、修煉及正確的人生態度。正所謂「平常心」即是「道」。

山東省嘉祥縣阿城鋪有一座古城，是春秋時期的武城故址。武城人黔婁是曾子的弟子，他去世之後，曾子帶著弟子們前往弔唁。

黔婁的妻子為黔婁守喪，她的衣衫襤褸，面容憔悴，但舉止文雅，彬彬有禮。她把客人一一請進靈堂，站在黔婁的靈前。曾子等人見到黔婁的遺體放在門板上，枕著土坯，身子只用一個破麻布蓋著，頭跟腳都露出來了。

曾子說：「把麻布斜著蓋，就可以把整個遺體覆蓋好了。」

黔婁之妻道：「斜著蓋，的確可以把遺體覆蓋好，但還不如整齊地覆蓋著吧！他活著的時候，為人正直；死了，若把麻布斜蓋，這並非他的意思，如何使得？」

曾子說：「黔婁已經死了，應該封他個什麼謚號呢？」黔婁之妻不假思索地說：「以『康樂』為謚號吧！」曾子感到奇怪，問道：「黔婁在世時，吃不飽也穿不暖，死後也沒有酒肉祭祀，連想覆蓋全身的被子也沒有，這樣怎麼能稱為『康樂』呢？」

黔婁妻慷慨陳詞：「他活著時，國君曾想讓他做官，要把相國的職位交給他，他推辭了，這說明他應該是富貴的；國君曾經恩賜糧食三千鍾，也被他謝絕了，這說明他是富足的。他一向粗茶淡飯，卻甘之如飴；職位雖然低下，卻是心安理得。他從來不會因為自己的貧窮和職位低下而感到悲觀，也從不為富裕和尊貴而感到滿足。他想求仁而得仁；想求義而義。因此，我認為他的謚號應該為『康樂』。」

曾子覺得她的話很有道理，感歎道：「惟斯人也，斯有斯婦！」

黔婁就是這樣一個淡泊名利的人，他的妻子同樣也是。這種人生觀連曾子也讚歎。

我們對於人生的追求，是不是更應該思索在一切講究財富的同時，還有比金錢更值得我們追逐的事物？

比如人與人之間的情感，這些是金錢怎麼也買不到的；比如說靈的富足也不是萬兩黃金買得到的。從容悠閒，靜靜品嚐我們的人生，歲月靜好，也是一種難得。

這些都不受外在的牽掛，一切內求，求個心安、圖個理得、求個平靜、圖個和諧，無欲無求，自然沒有痛苦，一切，就是美好。

它們或許和當今的價值觀不太相同，卻能讓我們活得心安理得。

第五則

大肚能容天下之事

一個心胸寬廣、以德報怨的人，表示他擁有自信，不會因仇恨而浪費自己的生命。

西元前六百八十七年，齊襄公政令無常，荒淫無道，齊國民怨載起，一片混亂。為了避難，公子小白在鮑叔牙的保護之下，出奔莒國，管仲則與公子糾逃往魯國。不久，齊襄王翰公孫無知相繼死於內亂，造成了君位空缺。

公子糾和小白聞訊，都想趕回齊國，爭奪君位。管仲心生一計，帶著士兵埋伏在莒國通往齊國的道路上，等著小白的車子經過。等到目標一出現，便命人彎弓張箭，一箭射向車裡的小白！

「啊！」只聽小白大叫一聲，管仲以為他必死無疑，遂急忙離開，回到公子糾身邊。除去敵手，管仲等人安心地前往齊國。

哪知管仲一離開，小白立刻跳了起來！原來管仲的箭只射到小白的衣帶鉤上。小白知道受埋伏，情急之下，以詐死欺騙了管仲。當管仲離開之後，他急忙與鮑叔牙等人抄近路，晝夜兼程趕路，終於搶先趕回齊國都城，捷足先登，被立為齊桓公。

齊桓公即位之後，準備拜鮑叔牙為宰相，但鮑叔牙極力推辭，反而推薦管仲。齊桓公不悅地說：「管仲差一點把我射死，我怎能重用仇人？」

鮑叔牙則道：「當初，管仲是為了讓公子糾登上君位才這樣做的。每個人各司其主，立場不同，再說管仲從小就是我的好友，我很了解他，這個人非常有才幹，如果任用他為相國，齊國很快就能強盛。國君千萬不可記私仇，而忘了齊國大業，因而失掉這位難得的人才。」齊桓公被說服了。

話說管仲等人在半路知道小白成為齊桓公之後，害怕遭到迫害而逃到魯國尋求庇護。魯國擔憂齊國會入侵，就把公子糾處決了。後來齊桓公派人到魯國，向魯莊公說：「我們國君要報管仲一箭之仇，請把他交給齊國處治。」魯莊公深怕得罪齊國，便令人把管仲裝進囚車，押解出境。

魯國大臣施伯非常有遠見，他知道管仲回齊一定會被重用，將來反而會對魯國不利，便勸魯莊公不要交人，但魯莊公一意孤行。

管仲坐在囚車內，深知自己回齊，是好友鮑叔牙的主意，自己施展長才的機會就要來了；只是這一路上，押解囚車的士兵速度很慢，管仲心裡非常著急，擔心萬一魯莊公醒悟過來，一定會派兵追殺他的。

於是他想了一個主意，就在囚車裡編了一首《黃鵠》的歌，唱給士兵們聽。唱了兩三遍後，他又教士兵一起唱。士兵們聽著歌，學著歌，很快就忘記疲勞，行軍速度逐漸加快，兩天的路程，只花了一天半就到齊國。

就在齊國君臣迎接管仲入境的同時，魯國公子偃也帶兵追來。原來，魯莊公果然醒悟，知道放管仲歸齊，等於放虎歸山，對自己非常不利，急忙下令追殺，僥倖的是管仲靠著機智贏得寶貴的時間。

齊桓公以德報怨，重用賢才，表現了非凡的治國遠見。管仲感恩戴德，傾心輔佐，制定一系列治國良策，從而使國力大振。

此後，經數年改革變法，勵精圖治，齊國終於成為春秋第一霸主。

齊桓公不因舊仇，而使齊國失去人才，難能可貴。我們在面對仇恨或怨懟之時，不妨靜下心來，將目光放遠。

天下沒有永遠的朋友，也沒有永遠的敵人，時時記得別人對我們的過錯，只是把自己困在過去的泥淖裡，無法前進。不如放開心胸，容納他人，也是給自己一個機會。

遇事時，不妨想想齊桓公與管仲的故事，正是擁有這等廣闊的心胸，才造就齊國霸業。

第六則

不可放縱自己的情欲

人要學著控制，才能實現自我價值，展現自己的能力，如此才不枉上天賦予我們的才能。

西元前六百五十六年，晉國內亂，公子重耳的兄長申生被驪姬害死，他也遭到政治迫害，不得不逃亡列國，在他成為晉文公之前，在外流亡十九年，途中經歷了狄、衛、曹、宋、鄭、楚、秦等國，最後在齊國安身下來。

齊桓公很看重他，不僅送了他二十輛馬車，還將齊姜嫁給了他，榮華富貴，衣食無憂，不知不覺度過了七年。

齊姜雖為女子，卻很有遠見，有一次，一味奴婢聽到晉國舊臣在商討要如何離開齊國，便馬上向齊姜報告。

齊姜怕奴婢洩露祕密，立刻處死了那奴婢，又見丈夫整日溺於享樂，兒女情長，早把復國一事丟置腦後，她希望重耳早日回到晉國，重振晉國國威。

於是她跟昔日跟隨重耳從晉國逃亡出來的大臣們商議，打算先好好勸勸重耳，讓他回心轉意，如果重耳再不聽，只好採取激烈手段。

於是，齊姜擺了豐盛的酒宴，和重耳共飲，席間她敬上一杯酒，神色凝重，對重耳說：「公子，諸位老臣跟隨您流亡列國，歷盡艱辛，您可知道這是為什麼嗎？」

「愛妻倒說說看，他們追隨我是為什麼？」重耳打從心裡敬愛這位貌美又賢慧的妻子。

「妾以為，他們是看重公子的賢名，盼望您有朝一日重振國威，共享富貴。可自從公子來到齊國，終日沉浸在溫柔鄉中，居然疏遠他們？妾能得到公子垂愛，平生之願足矣。倘若因為臣妾而誤了公子的復國大業，那可擔當不起。如今，晉國局勢已經發生變化，您現在回去，正是時機！」齊姜雖為女子，對局勢倒是十分瞭然。

重耳正飲著美酒，靠在齊姜的身上，氣氛正好，但聽完她一番規勸，卻不由得大怒。他大為不滿：「連齊國君臣都把我敬為上賓，妳倒勸我再回去那顛沛流離的日子？」

齊姜見重耳生氣，不再多說什麼，就滿臉堆笑，將話題轉開，再陪他飲酒，一杯接著一杯，終於讓他醉倒。這時，她吩咐宮女用被子把重耳裹起來，並喚來晉國大臣，然後將重耳送上馬車，交給狐偃等人。

原來，她早已和晉國大臣定下計謀，如勸說無效就設法把重耳灌醉，再將他劫掠回晉國。

重耳酩酊大醉，狐偃等人向齊姜拜辭，連夜驅車，向晉國前進，齊姜望著遠去的君臣一行人，不覺流下傷感的淚水。

重耳醒來之時，發現自己正往晉國的路上，追問之下，才知道是齊姜和狐偃的詭計，大為憤怒，想要殺了狐偃，後來重耳冷靜下來，感於眾人的用心，就跟著狐偃回到晉國，並且在狐偃等人的協助下，順利登上王位，這就是後來中原霸主的晉文公。

但重耳仍念念不忘齊姜，還特地派人到齊國，將齊姜隆重接至晉國。齊姜見了重耳，輕道：「妾非不戀夫妻之情，之所以醉夫，正是為了今天啊！」

齊姜深明大義，為了幫助晉文公重振晉國，毅然斬斷兒女情長，設計把重耳掠回晉國，晉文公敬她的賢德，因此立齊姜為中宮夫人。

重耳何其有幸，遇到齊姜，並在齊姜協助之下，完成一番大業，透過這個故事可以告訴我們，不要忘了成長。

人生有很多事要做，像是自己的目標、夢想都等著我們去發揮。

情欲從來不是我們不思進取的藉口，一個有心的人，會時時警惕自己、告誡自己；一個不懂得成長的人，只是浪費自己的人生、拖累他人的時光。

要明白，真正懂得替你著想的人，不一定要你時時在她身邊，她只會希望你更好、更茁莊，希望你有屬於自己的一片天地。

第七則

遠離安逸的生活

太過順遂的生活只會讓人墜落，消磨意志，離開舒適圈，才有機會成就外一番天地。

春秋時期，魯國有個叫公父文伯的大夫。他的母親叫敬姜，是一位很有見識的婦女。《國語．魯語》裡，很多篇目都是寫道她對兒子公父文伯的教訓。

公父文伯年輕時，就做了大官，別人都誇獎他，他也非常自信，得意洋洋。

有一天，公父文伯辦完公事，興沖沖地回家，拜見母親。他一進家門，就看見母親正在搖著紡織車紡線，那流著汗、操勞刻苦的樣子，活像窮苦百姓的老婆婆。

公父文伯走向前去，低頭對母親說：「像我們這樣做官的人家，主人還要做苦工，要是讓人知道了，非笑話不可，還會怪我不孝、不侍奉母親呢！」

敬姜聽了，停下手裡的活，抬起頭來，上下打量著這個做了大官的兒子，搖搖頭說：「你連怎麼做人都不懂呢！讓你這樣幼稚無知的人做官，魯國就有滅亡的危險啦！」

公父文伯驚訝地問：「母親，您為什麼這樣說？」

敬姜叫兒子坐在紡織車前面，鄭重地說：「從前君主安置百姓，常常選擇貧瘠的地方，讓他們去居住，讓他們在那裡生活。是為什麼呢？那是因為大家為了生活，就得努力工作；為了有良好的生活，就會去創造美好的未來；要想創造美好的未來，就會用心去思考；用心去思考，就會產生無窮的智慧。

反過來說，縱情於享樂，過於安逸的生活，常常會使人放蕩、墜落，忘記美好的德行；一旦失去美好的德行，心性也必然有所偏差。要知道，土地肥美的地方，有許多人往往無法做一番大事業，原因就是他們過於安逸啊！在土地貧瘠之處，則有許多聰明善良的人，就是因為比較能吃苦耐勞啊！我希望你天天勤懇做事，不斷上進，培養好的德行，還不斷提醒你，千萬不能毀了前輩艱苦創下的功業。你還記得嗎？」

公父文伯說：「記得。」

敬姜嘆了口氣，又說：「那你現在為什麼認為當官就要享樂了呢？照你這樣的心態去擔任君主委任的職位，怎能叫我不憂心忡忡呢！我怕你這樣會因失職而犯罪啊！」

公父文伯趕忙安慰母親說：「我一定聽從母親的教誨，不貪圖享樂。但是這跟您紡織有什麼關係？」

敬姜不高興地說：「我看你做了官之後，就露出得意洋洋之貌，不懂得約束自己，凡事喜歡講究排場，把先人艱苦創業的事全忘了，這樣下去，早晚有一天會出事！我正是為你擔心，才起早紡線，為的是不讓你忘了過去，遇事能謙讓勤儉。你懂了嗎？」

公父文伯紅著臉說：「懂了，母親。」

敬姜勸子的苦心，讓公父文伯從心靈深處受到了震撼。這警鐘也要在我們腦海裡時時敲響，不要為了享樂而鬆懈。

現在人的生活安逸，已經不愁吃穿，很多人便失去了鬥志，得過且過，要不然就是小確幸，為了一點點的幸福，而沾沾自喜。

成功，從來都不是容易的，懷抱理想的人，就要在磨難中挑戰，一次又一次督促自己進步。當然累的時候，也可以放鬆一下，而不是將自己繃到極限。

適時的休憩是讓你為了將來做準備，而若在這個時候玩物喪志，最後只是讓自己走向墜落的地步。

第八則

人外有人，天外有天

氣度決定一個人的高度，總是小肚雞腸，容不得技高一籌的人，同樣也會使自己身心疲憊。

話說周瑜在赤壁之戰大破曹操之後，聽說劉備、諸葛亮在油江口屯兵，準備奪取南郡，不由得大驚！便與魯肅率了三千名騎兵，往油江口直奔而來。

周瑜抵達油江口之後，劉備、諸葛亮立刻將他接入帳中，並設宴招待。席間，雙方聊了起來，談到軍情，劉備就說：「聽說都督要攻取南郡，特來幫助。如果都督沒有這個意思，那我就將南郡取下。」

周瑜一聲冷笑，說道：「我怎麼會將它放棄呢？」

劉備說：「只怕周都督拿不下吧？」

周瑜輕視道：「如果我拿不下，那時便由您去拿下。」

劉備聞言，便道：「現有魯肅、孔明兩位先生在此，請他們作證，還望都督不要反悔。」

周瑜笑道：「大丈夫一言既出，駟馬難追。」

待周瑜離開，劉備才焦急地對諸葛亮說：「方才席間之言，並非我的本意，都是先生教我的，目前我們沒有立足之地了，務必要得到南郡才有安身之處，如果叫周瑜先拿下了，我們豈非一場空？」

諸葛亮搖著羽扇，一派輕鬆：「主公不必憂慮，遲早我會讓主公在南郡城中高坐。」

劉備見他說得輕鬆，便問：「你有何妙計？」諸葛亮便道出他的用意。原來諸葛亮對攻取南郡，早有計畫，他料定曹操對南郡一地，早有安排，而周瑜為了求勝，必然中計吃虧。同時也料定，周瑜吃了敗仗，一定會想辦法報復。就讓他們雙方先行廝殺，到時劉備便可收漁翁得利。

果然，一切都照著諸葛亮的話走，在周瑜和曹操打仗的時候，劉備軍隊早已將南郡取下。周瑜知道之後，大為憤怒，開始攻城，但攻城未果，周瑜只得氣呼呼地的暫回營寨。誰知探子又來報告，說諸葛亮不僅得了南郡，又叫張飛奪了荊州，並拿下襄陽，周瑜氣得大叫一聲，箭瘡崩裂。

據史記所載，周瑜天資聰穎，身為一代名將，氣宇軒昂，唯其心胸狹小，定要和諸葛亮爭個高下，結果吃虧的總是自己。

氣度是衡量一個人能否成就大事的重要尺度。人外有人、天外有天，比我們優秀的人材彼彼皆是，要比也比不完，何必讓自己陷於煎熬呢？不如放下妒忌之心，誠心與對方交友，或許還能從對方身上學到更多。

只是很多人走不出那一關，因為見不得他人好，而壞了大事，自討苦吃。如果能放寬心胸，承認對方比我們優秀的事實，生活自會更加寬容。

第九則

凡事多問，益處多多

知之為知之，不知為不知，才學能增加自己的知識，擴展自己的能力。

孔子是個非常好學的人，他自稱「吾十有五而志於學」。他對知識的態度是「知之為知之，不知為不知。」

相傳孔子曾經跟師襄學過琴，向萇弘學過樂，向老子問過禮，他渴求知識，涉獵甚廣，禮、樂、射、禦（馭）、書、數樣樣精通。

他的知識來源，一是借助於古籍，也就是前人留下的文化遺產；二是向整個社會學習。他之所以能「刪述六經、垂憲萬世」，就是向前人學習的結果。孔子的至理名言：「三人行必有我師焉。」就是向社會學習的真實寫照。

在古代，太祖之廟便稱為太廟。周公姬旦曾受封於周武王，是魯國最初受封的國君，因此周公廟起初稱作太廟。

孔子每次到了周公廟，看到每件事都要發問。有人覺得奇怪，便說：「誰說叔梁紇的兒子懂得禮呢？他到了太廟，每件事都要向別人請教。」

孔子聽了這話，就說：「正因我不恥下問，才能知道許多事情，這正是禮呀！」這是他虛心向社會學習的表現。

孔子的一生都在追求知識，直到晚年仍是「發憤忘食，樂以忘憂，不知老之將至。」他常和眾弟子一起商討、鑽研問題，一邊教學，一邊擴展自己的知識面。

他用的是啟發式的教學法，在教與學方面總結了許多經驗，體現教學相長的辯證關係。他的「學而時習之」、「溫故而知新」等至理名言，直到今天不僅廣為流傳，而且普遍被採用。

孔聖人尚能不恥下問，虛心向人請教，何況我們平凡人呢？遇到不懂的東西就要虛心請教，不懂的事情不要裝懂。

一個真正知識淵博的人，是向人、向社會、向萬物學習，只有透過學習，才能獲取知識。知識是無窮的，學習也沒有止盡的一天，「學海無涯」便是這個道理。

我們不用害怕讓別人知道我們正在學習，一個懂得自我充實的人，只會讓自己越來越有內涵、越來越豐富。

第十則

天將降大任於斯人也

生命中的苦難，就像鑄劍一樣，經過千錘百鍊，最後就能成為鋒利的寶劍。

戰國時期，孫臏和龐涓師出同門，學習兵法。龐涓的功名心很重，想要成就一番大事業，所以還沒學習完成，就早早下山了。他去了魏國，被拜為軍師，指揮著魏軍東征西討，屢建奇功，魏王十分倚重他。

但龐涓心裡總是不安，他知道孫臏天資聰穎，將來的成就必定高於他，萬一他學成下山之後，就會成為自己的勁敵，威脅到自己的前途，怎麼辦呢？

龐涓想了許久，後來想出一個方法。他去見魏王，大大讚揚孫臏，吹捧他的才能，並自願寫信召他來為魏國出力。魏王自然大喜，連忙命令使者前去相聘。孫臏見師兄沒有忘了舊時的情誼，大為欣喜，不疑有它，開心前往。

孫臏到了魏國，魏王連忙把孫臏請進宮面談，見孫臏果然才學不凡，想委以重任，便與龐涓商議。

龐涓忍住心中的不悅，輕描淡寫地對魏王說：「孫臏剛來，沒有半點功勞，不如等有功時再封。」魏王見他說得有理，便不再提起。

龐涓第一步陰謀得逞之後，又模仿孫臏的筆跡寫了一封信，讓人帶到齊國，又命邊防將士把他捉住。

這件事傳到魏王的耳裡，魏王大怒，想要斬殺孫臏，透過龐涓假惺惺的求情，孫臏才免除性命之憂，不過孫臏還是被處以臏刑，不但被砍去膝蓋骨，還在他的臉上刺了「私通外國」四字。

龐涓的計畫還沒結束，他見孫臏已成廢人，又不受魏王的信任，便假意同情，費心照顧孫臏，孫臏覺得過意不去。龐涓便趁機求他傳示兵法，孫臏雖然有些為難，還是答應了。

當時還沒有紙張，龐涓就給他木簡，要孫臏把兵法寫在上面，孫臏也照著做。這時候，龐涓府中的一名僕人看不下去，將實情告訴了他，孫臏大吃一驚！

「原來師兄對我如此，這種無情無義之人，兵法怎麼能傳給他？」他又想，「如果不寫，他一定會發怒，我命在旦夕。」孫臏左思右想，忽然記起老師臨行前給他的一個錦囊，趕緊打開一看，心中有了計謀。

晚飯時，僕人送飯過來，孫臏突然撲倒在地，眾人驚慌，連忙將他救起，只是救起的時候，見他口吐白沫，半日方醒，一睜開眼，便大哭大鬧，將所寫的木簡全部投入爐火中，等龐涓趕到，所寫之書盡數化為灰燼，龐涓大為火惱，卻也無計可施。

孫臏在龐涓面前瘋瘋癲癲，言語失常。龐涓疑心病重，認為有詐，命人將他拖入豬圈。孫臏便與豬搶食物吃，龐涓命人端來飯菜，孫臏摔在地上，又去搶豬食。

龐涓長歎一聲：「看來是真瘋了。」此後，孫臏瘋瘋癲癲，胡言亂語，以豬圈為家。日久天長，人們都說他真瘋了，龐涓也放鬆了警惕。

後來，齊國使者到魏國，孫臏就以刑徒的身分，祕密拜見齊國使者，齊國使者和他談過之後，覺得孫臏不同凡響，遂偷偷用車將孫臏載到齊國，成為田忌底下的門客。

在田忌賽馬中，孫臏發揮了他的才智，讓田忌大勝，田忌見他有才，就將他推薦給齊威王，齊威王不但向他請教兵法，還拜他為師。從此，在馬陵道戰役中大敗魏軍，殺死龐涓，報了大仇。

儘管孫臏遭戕害，蒙受奇恥大辱，但並不墜鴻鵠之志，以自己滿腹的才學和韜略，尋找時機與龐涓較量，終於成為一代傑出的軍事家。

《孟子．告子下》已經列述一個人如果有大作為時，上天就會磨鍊他的心志、鍛鍊他的身體、讓他越來越有韌性。

就像力克．胡哲吧！他天生就沒有四肢，但他不但到世界各地演講，用他短得幾乎不能稱上「腳」的肢幹，在講台上移動，但他並不在意，反而以他樂觀、開朗的一面，成了勵志的代表。

人生在世，總有不順，遇到困難逆境，這時候更應該堅定自己的意志，事實上打敗那些失敗者的往往不是困境，而是自己本身。在艱難時仍不放棄，堅持下去，逮到時機，必有出頭天地的一天。

第三章

真誠對待每一個人

第一則

傾聽，才有辦法溝通

想讓對方願意聽你說，就要引起他的興趣，才能收到良好的溝通成效，別人才可能接納你的意見。

南宋初年，金人頻犯邊境，硝煙四起，情勢緊張，朝野上下議政的話題，都離不開這個。所謂前方吃緊思良才，朝廷非常需要有本領的能人。這一天，在建康的行宮內，宋高宗正要退朝，忽然有人稟報岳元帥求見，高宗皇帝一驚，認為岳飛從抗金前線回來，定有要事稟告，立即傳令召他進宮。

只見岳飛身披盔甲，滿面風塵，但精神飽滿，他叩拜皇帝，隨後向高宗皇帝彙報前線的戰事。過了不久，岳飛將話題轉到戰馬，因為他知道高宗喜歡馬，所以從這個話題切入。

果不其然，談到戰馬，宋高宗興致高昂，隨即問道：「愛卿，你最近得到了什麼好馬嗎？」

岳飛意味深長地說：「臣以前倒是有兩匹駿馬，牠們的食量比一般馬的食量還要大上好幾倍，而且對食物很挑剔，稍微不潔淨就不吃，飲水也是如此，要飼養牠們，還要看牠們的心情，非常有個性，可是，若要論本領，牠們可是普通馬遠遠不能相比的。」

岳飛說著，看了一眼高宗，見他聽得起勁，便繼續說：「每次我一早乘著那匹馬出發，一開始，那馬跑得還不怎麼快，等跑過上百里以後，才風馳電掣，像閃電一樣。到了中午，那馬匹非但不減速度，還後勁十足。到了酉時的時候，還能跑上兩百多里。等到達目的地，我卸下馬鞍，而這兩匹馬不但氣不喘、腿不軟，甚至連汗都不出。像這樣的良馬，才可委以重任啊！」

宋高宗讚許地點點頭，剛要問及，只聽岳飛歎了一口氣：「可是很不幸，前不久，我的這兩匹馬先後都死了。」

見高宗搖頭惋惜，還嘆了口氣，岳飛趁機道：「現在我所乘的這兩匹馬，食量倒不大，餵什麼樣的草料都吃，一點也不挑剔，要叫他們跑步，一開始倒是能跑個幾百里，可是到了後頭就沒勁了，開始氣喘吁吁、汗水淋漓。有時候還要鞭策他們，才能抵達目地的。這種劣馬，消耗的飼料不多，也很容易滿足，就是愛逞能，且沒有後勁，真是不可造之材！」

說到這裡，宋高宗終於明白岳飛的言外之意，他是以馬暗喻，奉勸高宗要珍愛人才。雖然其中隱含批評，但不乏忠告，況且又是暗喻，並沒有傷及宋高宗的面子，故而他欣然接受。

「你說得對極了！知馬善用，方能得良馬，是良馬就更要珍愛牠們！」高宗連聲稱讚。

岳飛很懂得進諫的策略，在與君王的交談中，皆大歡喜。說話也是一門很精妙的學問，話不僅要說得讓人明白，同時又不能讓人覺得沒面子，聽起來似乎有點難度。事實上，只要站在對方的立場思考，並婉轉表達，仍舊可以將自己的意思傳達給對方。

溝通最忌諱的就是急著想要將自己的意思傳遞給對方，也不管對方了不了解？一股腦把所有的話都說了出來。話說得直了，傷了對方的自尊，跟你爭論起來，兩個人生氣了，就沒辦法溝通。

另外一種是吞吞吐吐、扭扭捏捏，為了怕對方生氣，說話說了老半天，還切不到核心，在主題外面兜轉，也達不到溝通的效果。

其實只要記住「尊重」兩個字，將心比心，站在對方的角度設想，這樣你在開口時，對方就比較容易聽進去。

溝通，是兩邊的意見能夠交流，良好的溝通才能促進和諧的人際關係。

第二則

貼近對方的立場

當對方在基本事理上與自己達成共識，這時再推出自己的看法，方可達到預期之目的。

春秋時，晉獻公寵愛驪姬、少姬這兩位年輕貌美的妃子，動員大批百姓，耗費大量錢財，只為建造豪華的九層高臺，供美人遊玩。大臣們聽了，極力勸阻，認為這樣只會消耗國家財力，危及社稷，但晉獻公依舊置之不理。

大臣們不斷輪勸，晉獻公聽得多了，也不耐煩，乾脆下令恫嚇：「誰敢再阻止寡人的決定，就一箭射死他！」大臣們噤聲不語，卻又仰天歎息。他們既不忍國君繼續害民誤國，又沒有勇氣據理力爭，圍在宮門外一籌莫展。

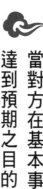

這時候，大夫荀息挺身而出，他進宮要求見晉獻公。晉獻公聽到還有人要來找他，一定又是為了高臺的事，冒犯他的威顏，當即張弓搭箭，怒氣沖沖地等在宮內，打算只要荀息一開口勸諫，就把他射死在階下。

荀息進來了，他先拜見晉獻公，行過君臣大禮，避口不談建造高臺一事，只是輕鬆愉快地笑著說：「臣日前學得一個把戲，想要表演給國君和諸位大人們，不知道大家有沒有興趣？」

既然不是進諫，又是表演技藝，晉獻公怒氣頓消，他收起箭，好奇地問道：「你會什麼技藝？」

荀息說：「臣能把十二枚棋子堆起來，再往上面堆雞蛋。」

晉獻公放下弓箭，立刻命令侍從取來棋子和雞蛋，又吩咐宮門外的大臣們一起觀看。

見大家都把注意力放到他身邊，荀息做好準備，只見他先把十二枚棋子堆起，然後又把雞蛋排放在上面，一層又一層地疊上去。

那雞蛋外表光滑，立在棋子上面，已經夠危險了，還要繼續堆雞蛋，旁邊觀看的人，無不緊張得屏住呼吸，擔心雞蛋會掉下來。

晉獻公看到雞蛋搖搖欲墜，也驚慌急促地叫道：「危險，危險！」

荀息好整以暇，慢條斯理地說：「這種小小的技藝，不算什麼，純屬博君一笑，說到危險，還有比這更驚險的呢！」晉獻公急問：「還有什麼比這更危險的？寡人倒想見識見識。」

荀息見時機已經成熟，就立起身子，神情一變，話鋒一轉，沉痛地說：「啟稟國君，請讓我再說幾句話，那麼臣即使被處死，也不後悔！自從您下令建造九層高臺三年了，還沒有完成，但國內已經沒有男人耕地，女人織布了。國庫耗損一空，我們鄰近的楚國、齊國，卻日漸強盛，倘若他們舉兵，大肆侵犯，晉國又將依靠什麼抵抗呢？國君只知道高臺建成，可以縱情享樂，卻不知我國國力已經虛空，形勢可以說比堆棋子和雞蛋還要危險啊！臣請國君把心思放在國家政事，不再浪費國家財力，愛惜百姓，請國君三思！」說完，荀息淚濕衣襟，眾大臣一起跪拜懇求。

晉獻公見荀息說得合情合理，一片忠心，婉轉誠懇，這才省悟並說：「沒想到寡人的過失竟然嚴重到這種程度，這可真是我的過錯啊！」於是接受了荀息和大臣們的諫言，下令停止建造高臺。

荀息先想辦法，讓晉獻公的立場和自己一樣，再適時說明來意，很快就點醒晉獻公，完成進諫的目的。

如果荀息和其他大臣一樣，只知一昧的進諫，不懂迂迴，下場可能就是被晉獻公一箭穿心，然而他透過譬喻的方式、婉轉的言辭，讓原本可能的衝突降到最低，同時也讓人信服。

兩個人說話時，如果立場一樣，就會有貼近的感覺，會有「同一族群」的感覺，這時候不論說什麼，對方也較容易聽進去。

如果一直和對方持相反的意見，就算你再有理，對方也聽不進去，還會加強戒心，認為你在唱反調，甚至為了反對而反對，像晉獻公並不是不懂道理，只是他一時被自己的憤怒矇蔽了。

人不是不懂道理，只是這個「理」，要怎麼進到他的耳裡？就有待考驗說話的技巧了。

話，說得好，就能說進人的心坎裡，辦起事來也順遂，這不是要你只挑對方想聽的話說，而忘了自己原來的目的，而是想辦法讓對方贊成你的理論，和你「心連心」，進而完成溝通的重點。

第三則

人生願得一知己

以誠待人，時刻將對方放心上，或激勵或切磋，相伴成長，這就是朋友。

北宋的宰相寇準和張詠兩人是好朋友。寇準深諳謀略，能夠治國興邦，在朝中擔任要職；而張詠則善詩文，有倚馬可待之才。兩人的共同特點是為人耿直，不卑不亢。

不過張詠並沒有和寇準一起在朝為官，他在四川當地方官。

四川風景秀麗，物產豐富，能夠飽覽西蜀風光，一覽無遺，張詠常常跟同僚登高臨風，公事之餘，切磋陰陽八卦，抒詠豪情壯志。

這一天，張詠又和同僚到郊外走動，閒聊之餘，同僚們又將話題扯到他和寇準身上。

「聽說寇準要當宰相了。你和他可謂是當今雙傑。」

張詠並沒有壓人抬己、嫉才妒賢之意，反而真誠地說：「寇公的確是少見的奇才啊！」

後來，張詠從成都回來，自然去拜訪寇準。兩個老朋友一見面，連寒暄都省了，當下兩個人手搭著手，寇準帶著他進到屋子，命令僕人擺下宴席，非常開心，兩個人不斷聊著發生在自己身上的事。

酒逢知己千杯少，更何況這兩位許久不見的摯友。當下兩人你來我往，杯盞交錯，喝得好不痛快。然而，天下沒有不散的酒席，過了一些時候，張詠要回成都了。

寇準前去送行，臨別前，寇準請張詠送他幾句話，張詠不像一般人，祝他步步高升，他已是當今宰相了，沒有特別恭維，只是提醒他：「《霍光傳》不可不讀。」

寇準將這事記下了。送走張詠之後，寇準回家立即找出《漢書》，翻到《霍光傳》，逐字逐句往下讀，讀到快完了，一句「光不學無術」進入眼簾，寇準恍然大悟！

「張詠真是我的好朋友，竟然利用這個方式在點醒我？這不是在說我嗎？張詠是希望我有所長進。」從此，寇準刻苦研讀、手不釋卷，成了忠賢皆備、文略俱全的好宰相。

因為意氣相投而聚在一起，並不一定就是朋友，狐群狗黨也是朋友、酒肉之交也是朋友、互相切磋也是朋友、相互激勵也是朋友。

而朋友之間，貴在真誠，一個真誠的人，用真心去對待他人，不論距離有多遠？再度見面時，總是充滿歡喜；一個真誠的人，會時時為朋友著想，將朋友放在心中。

真正的朋友是希望你能進步，你能成長，即使自己不如朋友，也以一顆誠摯的心對待朋友。就像張詠吧！不論他們之間官階的差異，他知道寇準的優缺點，故而提醒他的不足之處，真正的朋友就是真心為對方著想並且無私的。

朋友之間能夠彼此激勵，朋友的諫言有如醍醐灌頂，讓我們認識自己的不足，反省之後改進，這就是真正朋友得真諦。

第四則

獨木不能成林

散沙成不了大氣候，多頭馬車也沒辦法達到目的地；唯有團結，才能朝目標前進。

崔安潛是唐代人，素有「雖位將相，身聽獄訟」之稱。僖宗時，他做了西川的節度使。

崔安潛剛到任的時候，西川境內到處都是盜賊，他們搶奪老百姓的錢財，造成人心惶惶，社會治安混亂。崔安潛上任時，人們都希望這位新的節度使，能夠為他們擺平這個煩惱。

然而，崔安潛到位後，並沒有什麼動靜，百姓們都感到非常奇怪，所謂新官上任三把火，怎麼這位崔節度使，一點表現也沒有？

其實崔安潛早有想法，他早知道這裡常有強盜出沒，但是這些盜賊這麼猖狂，背後一定有人包庇，如果按照先前的做法，派士兵去逮補盜賊，不見得有用。

於是，他採取了一個辦法，吩咐下人拿出一些錢，放在各地的鬧市上，並且貼出榜文，上頭寫著：「凡是告發、捕捉盜賊的，賞五百錢；若是同夥告發的，和平常人一樣，可得賞錢，並無罪開釋。」

公告貼出來之後，老百姓們議論紛紛，不少人懷疑這個辦法能行嗎？只是為了幾百錢，真的會窩裡反嗎？

過了幾天，真的有一個盜賊綁來另外一個盜賊。這個被抓的盜賊很不服氣，大聲吆喝：「他和我同樣幹了十七年，他怎麼能捉我呢？」

崔安潛說：「你既然知道我已貼出告示，為何你不把他先捉來見官？那樣的話，他就該是死罪，而你領賞了。現在，你被他占了先，又有什麼話可說？」他當著那個被抓的盜賊面前，把錢賞給那個告發者，並在大庭廣眾之下，斬殺了被捉來的強盜。

這件事情一傳開，那些盜賊之間互相猜疑起來了，開始睡不安穩，對彼此充滿戒心，每個人都怕曾經一起「共事」的伙伴，會為了貪圖賞金而告發自己。

他們再也不敢到過去窩藏他們的人家裡去，唯恐被告發，而紛紛逃走。此後，這裡再也沒有一人敢做盜賊了。

這些盜賊原本就是烏合之眾，是一盤散沙，一旦被崔安潛的計謀攻破心房，便兵敗如山倒。

我們雖不是山賊，但可以反過來思考，為什麼這群山賊這麼容易被攻破？崔安潛利用一些利益，就迫使他們之間彼此猜忌，分崩離析。因為這些盜賊原本就是因利益而結合，自然也容易因利益而分開。

而如果我們不能團結，會不會也像這些盜賊，輕易被敵手擊跨呢？想想一個團體，當初是為了什麼目標而集中在一起？因為有共同的信念、共同的目標，才使不同的人聚集在一個地方。

人如果有異心，在彼此猜忌、無法信任的情況下，會解散也是理所當然的。一雙筷子容易折斷，那十雙、一百雙呢？眾志成城，唯有大家齊心齊力，才能完成目標。

第五則

真誠也需明是非

做朋友也必須先了解對方是否和自己理念一樣？是否值得深交？否則只是真心換絕情。

明憲宗成化年間，魯鑑曾經為朝廷立下顯赫的功勞，論功封賞，官至甘肅總兵。魯鑑有個兒子叫做魯麟，自幼武藝高強，跟隨父親也立過不少汗馬功勞。魯鑑死後，朝廷就封魯麟為甘肅副總兵。

剛開始時，魯麟很高興。可是，魯麟只是一介武夫，非常單純，別人說什麼他就聽，沒有自己的想法，所以受到部下的挑唆。有人說他立下不少的功勞，竟然只得副職，要他為自己爭取權益。他開始感到不滿，在部下的慫恿之下，進而向朝廷請求加封為總兵。

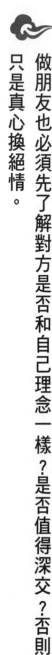

但那時西陲的邊戰才剛停止，朝廷也用不到剽悍之將，原本是怕魯麟會擁兵自重，所以才封他為副職。

而現在魯麟一再請求，朝廷遲遲不給答覆。魯麟開始焦急了，便找來他的手下，開始商量。這些人你一言、我一語，最後給魯麟出了個餿主意，要他「明退暗進」，要魯麟藉口家中還有老幼需要照顧，請求去職還鄉。朝廷必定不肯放過他這名大將，到時他的所求必然應允，魯麟覺得是個好計，便依計行事。

他的奏本傳到京城，憲宗看了便召集大臣們商量此事。有人建議皇上，答應他的要求，讓他做總兵，但又怕他擁兵自重，難以控制；有人出主意說，另外將他派道外地，明升暗降，誰也沒有一個好方法。

這時，兵部尚書劉大夏站出來：「魯麟自恃有功，屢次要求加封，皇上如果答應了他的要求，將來欲壑難滿，終究不是辦法。據我所知，魯麟暴虐無常，不會籠絡部下，孤掌難鳴，是掀不起大風浪的。皇上不如一邊派人嘉獎他父親的忠誠，先用大帽子穩住他，讓他為了保全父親的名聲，而不敢鬧事；另外批准他的請求，讓他回家養他親小。這樣一來，叫他有苦說不出。」

皇上一聽，覺得此計甚妙，遂依劉大夏之言而行，一邊昭示魯鑑的功勞和忠心，讓天下人皆知，同時又批准魯麟回家贍養母親和小孩。

魯麟一開始接到嘉獎父親效忠的昭令，心中洋洋得意，看朝廷這舉動，以為這總兵的官職是要到手了。他不曾想到，接下來的詔書竟然是批准自己請求還鄉的回覆。

這下魯麟可傻眼了，忤在那裡不知是何是好？他氣得想要找皇上理論。但他轉念一想，這樣一鬧，父親的名聲怎麼辦？再說，駐紮在甘肅的漢人，也不比自己的人少，想要反抗朝廷，還不知是不是可以成功呢？思來想去，也沒有想出良策。

而魯麟底下的那班手下見朝廷不看重他，也沒什麼發展，就逐漸疏遠了他。魯麟沒有人給他出主意，只好自認倒楣，悶悶不樂地回老家。

魯麟仗勢要脅，從道理上難以服人，又被剝奪了兵權，最後得到一張空頭支票，實在是搬石頭砸自己的腳。

待人貴真誠，但也要看對方值不值得？如果一個人仗著友情，不斷勒索、消耗，也就是情感綁架，久而久之，也會疲乏。

情感如同活水，必須有所交流，方能激出美麗的水花。而這交流的兩邊，都必須要抱著同樣的心意。

然而，在待人處事中，付出的，不一定成正比，有時也不知道對方的心思，是不是和自己一樣？還有仗著「朋友」這個口號，就予取予求，為所欲為，反而拖累了對方。

好比說，新聞上常有年輕人因一點小事而不滿，就聚眾準備鬧事，這種人往往口中講著「義氣」，要求對方一定要照自己的意思去做，要不然就不算朋友，這就不是真誠，而是為難了。

我們交朋友，不一定要得到實質上的回饋，我們所要的只是一個真誠的心。

第六則

適當放低姿態

示弱，不代表失敗，不與人爭辯、不與人爭強鬥勇，也是另一種處世的高深智慧。

戰國時期，魏國和趙國一起攻打韓國，韓國急忙向齊國求救，齊國派出田忌和孫臏兩位大將，帶兵前去幫韓國解圍。齊軍向魏國首都大梁出發，龐涓知道之後，急忙調兵，想要消滅齊軍。

孫臏和龐涓是同門師兄弟，吃過龐涓的虧，對龐涓十分注意，他一知道到這種情況，就對田忌說：「魏軍一向剽悍，而輕視齊軍，我們就利用這個弱點，在行軍的時候，把煮飯用的灶慢慢減少，假裝我們的兵力減弱，製作假象，如此一來，便能鬆懈他的戒心，很快把他消滅。」田忌也覺得他這個計策很好。

大軍繼續西向，浩浩蕩蕩，到了用飯時間，士兵們停了下來，準備煮飯，他們開始建灶，十萬大軍，綿延數里，蔚為壯觀。

過了一天，龐涓趕到齊軍做飯的地方，看到遍地的土灶，便命令士兵統計，士兵數了大半天，好不容易數出有十萬，龐涓遂得知齊軍有十萬兵馬，不敢輕舉妄動，慢慢在後面追。

齊軍繼續西行，又到了做飯的時間，這一次，孫臏下令把灶火減少一半，士兵們都覺得奇怪，不知將軍是什麼用意？但軍令如山，不敢違背，只好從命。

又過了一天，龐涓趕到這個地方，叫士兵數一下做飯的灶，只剩五萬，心頭便開始竊喜，心想：「齊軍果然害怕了，不過兩天，便跑掉一半了！」於是便下令魏軍加快行軍步伐。

到第三天做飯，孫臏讓士兵們只做三萬個飯灶，離開後，龐涓又追到這裡，叫人一數鍋灶，不禁哈哈大笑：「我就知道齊軍本來就膽小害怕、不成氣候，到魏國才不過三天，就跑掉了一大半。」於是便命令步兵原地待令，由他親自率領幾千名精銳騎兵，用比平日更快的速度去追擊齊軍。

孫臏是個聰明人，他估計龐涓在傍晚時分，便會趕到馬陵，而馬陵的道路狹窄，山巒疊嶂，地勢十分險要，易守難攻，孫臏便命令在路旁埋伏弓箭手，做好準備。

不出孫臏所料，傍晚左右，龐涓果然趕到馬陵，孫臏也不給他喘口氣，一聲令下，齊國弓射手萬箭齊發、箭雨齊下，殺得魏軍大亂，逃也來不及，潰不成軍，龐涓自知智窮兵敗，只好拔劍自殺了。

我們和人交往，也不用處處露出優越的一面，非要表現出自己很能幹、很厲害，讓別人去表現，對我們並沒有損失。尤其是在對手面前，只要你有實力，不用露出強悍精明，亦可以打敗他。

孫臏便是利用這個方式，假裝齊國沒什麼力量，誘得龐涓前來攻擊，他再給予反擊！

事實上，表露出來的弱者，不一定是弱者，他們只是不與人爭強，不捲入風暴中心；他們用聰慧的心，靜靜觀察事態的發生，在適當時機才會跳出來，一舉達到他們的目地。

用溫和的方式，巧妙化解可能的衝突是智慧的展現，適當放低丞態，不用擔心人家看不起你，因為事後的反擊，絕對比當下的莽撞來得有力！

第七則

換個角度考慮問題

一個問題往往有許多面向，從不同角度去看問題，能夠看到問題的核心，也有不同的解決方式。

明代時，有個名叫屠枰石的人，執法很嚴格，他曾經擔任湖州的巡按。湖州這個地方風氣很糟，民風不正，許多百姓既刁鑽、又蠻橫，不守禮法，又不肯好好讀書，而且千方百計找讀書人的過失，不斷打擊、排擠他們，造成當地讀書風氣每況愈下。

當地有一些無賴聽說屠枰石上任，又知道他執法很嚴，暗暗高興，心想：「那些讀書人這下可倒楣了，看你們還假什麼正經？」於是加緊活動，到處找碴。

很快地，這些無賴找到機會了！他們發現有個秀才，正在和妓女鬼混，兩個人卿卿我我，被保甲發現，當場將他們捉住。

不論秀才怎麼哀求，這幫無賴都不肯放過他，他們還將秀才綁了起來，第二天將妓女和秀才押送衙門。衙役們見狀，雖然很同情秀才，但沒有一個人敢給他鬆綁。

此刻，屠枰石正在堂上檢閱公文，衙役們將三人帶到堂上，保甲得意洋洋，態度傲慢，向屠枰石報告情況，秀才則在一邊渾身發抖，又氣又羞，滿臉愧色，這些屠枰石都看在眼裡。

他覺得按當時的社會風氣，這算不上大問題，雖說有傷風化，但兩情相悅，並不是什麼十惡不赦之事，反倒是這些無賴，刁鑽蠻橫，打擊士人，導致當地讀書風氣敗壞，這些事情可嚴重得多了。

於是他假裝認真處理公務，什麼也沒聽見。保甲稟報了半大，見屠枰石都沒有反應，他急了，匆忙爬到前面，拉住屠枰石的袖子，說：「大人，小人有事相告。」

這時，保甲已離秀才和妓女很遠，屠枰石用眼睛盯著衙役，給他們暗示。他將保甲的手分開，說：「放袖（秀）才去。」衙役們馬上明白屠枰石的意思，將秀才偷偷放走，保甲還蒙在鼓裡。

屠枰石等到秀才離開了，才故意問道：「你有什麼事？」保甲覺得這個大人真難纏，只得又將事情重新敘述一遍，屠枰石則問：「秀才在哪裡？」

保甲回頭一看，秀才不見了，大驚失色，一句話也說不出來。屠枰石以不敬之罪，命衙役痛打保甲三十大板，並給他帶上枷，關了幾十天，而那名妓女則當堂趕走。

出獄之後，保甲神色惶恐地對別人說：「我捉到的大概是鬼吧？要不怎麼會眨眼間就不見了呢？」從此以後，他再也不敢為難讀書人了。

其他的刁民聽說這件事，也不敢再胡作非為，不久，湖州的刁惡之風便平息了。

州中的讀書人聽了這件事，都對屠枰石表示感激，從此更加發奮讀書。那個秀才最終也改過自新，由秀才又中了舉人，後來還當了官。

屠枰石的做法既保存了讀書人的顏面，又起了警戒的作用。雖然秀才的行為不值得鼓勵，但屠枰石能夠將事情圓滿，同時改善了湖洲刁鑽的風氣，也不失為一種方法。

屠枰石可以說是從另一個角度思考問題，而不至於讓事情陷入為難，我們在面對問題的時候，不妨跳出原有的角度，用另外一個層面，來思考問題的癥結點。

一件事從不同的角度看，則有不同的解讀，就像秀才召妓，屠枰石看問題的癥結點和無賴不同。每個人有自己的生活經驗和價值觀，面對問題時，也都習慣從自己的立場出發，進而決定嚴重程度。

跳脫我們的角度，試著從事情不同面向切入，必可以看到不同的觀點，就像盲人摸象，摸到鼻子，也是大象；摸到象腳，也是大象，盲人們都認為自己是正確的。

我們在思考問題的時候，不要一下子就下批判。凡事試著從自己，還有不同的面向去採集不同的意見，集思廣義，相信必能讓我們的思考更有深度，對事情有更通達的理解。

第八則

巧妙指正別人的錯誤

人皆有自尊心，如果不為對方設想，冒然抨擊別人的錯誤，哪怕用心良苦，效果也會適得其反。

唐朝初年，經過數年的治理，國家逐漸趨於穩定，人民也開始安居樂業，史稱「貞觀之治」。

貞觀五年，群臣請求唐太宗封禪泰山。所謂「封禪」，指的是古代帝王登泰山去舉行祭祀上天的大禮。「封」是祭天；「禪」是祭地的意思。封禪的規模之大，非平常祭典所能比擬，那麼花費甚鉅，也是可想而知的。剛開始，太宗拒絕了。

第二年，文武百官又請太宗考慮封禪一事，唐太宗雖然有些顧慮，但禁不住群臣再三勸說，萌生了「封禪」泰山的念頭。但所有大臣之中，卻有一人跳出來反對。

唐太宗好不容易下了決定，魏徵卻持相反意見，唐太宗問魏徵：「大家都要求我去泰山封禪，只有你認為不行，是不是因為我的功勞不夠？」魏徵回道：「皇上的功勞高與天齊。」「莫非是我的德行不夠？」「皇上的德行遠名威揚。」「是國家不安定？」「國家昌盛太平。」「是四方蠻夷還沒臣服？」「四方蠻夷皆已規順我朝。」「那是年成不豐收？」「風調雨順，五穀皆已登豐。」「那麼是符瑞不到？」「受命的天兆也已降臨了。」

「這六個條件都具備了，那我為什麼不能去封禪泰山呢？」唐太宗不解。

魏徵言亂懇切，措辭婉轉：「陛下，我打個比方。假如，有個人得了一場大病，十年都躺在床上無法起來，後來經過用心治療，好不容易可以站起來，開始行走，生活也逐漸恢復正常。在這個時候，若讓這人背上一石米，一天走上一百里地，那他受得了嗎？前朝動亂不止十年，國家才剛剛安定，國家百姓不能說完全富裕了。這時候封禪，向上蒼宣誓我們大唐的事業已經告成，臣認為還不是時候。」

魏徵引喻確切，言詞誠懇，忠貞之情溢於言表，唐太宗無言反駁，便決定延遲封禪時間。

指正他人的過失，並非要將對方罵得垂頭喪氣；也不是要讓對方顏面盡失，才叫有用。既然希望對方好，就應該讓對方聽得進去，說到他的心坎裡，才能起悔悟的作用。

人都有虛榮心，即使是小孩也有自己的尊嚴，如果一個小孩在外面犯了錯，在大庭廣眾之下將他罵得抬不起頭來，下一次，他就真的不會再犯錯了嗎？他有可能心懷怨恨，或自信喪失，認為自己什麼事都做得不夠好，於事無補。

想要糾正他人的過失，卻打擊到對方的自尊心，效果大打折扣，也違反原來的意思。最好的方法是私下勸諫，可以保留顏面，語氣婉轉，或是利用說話的技巧，像魏徵舉例，避免直言的尷尬，也維護了君上的面子。

要糾正他人，除了要看事情的輕重，還要看對方的心理狀態，人與人之間也應講究應對方法。一個會將對方放在心上的人，在開口之前，便會注意口氣及措辭，意思可以表達明確，言語卻可以婉轉，避免尖銳的語句。說話不留情面，不顧及他人心理的人，是很難讓人接受他的勸諫的。

第九則

誠以待人，誠以待己

一個真誠的人，無法昧著良心，為人處事全依自己心性，待人如己。

西門豹治理鄴都時，嚴肅法紀，鐵面無私。他不僅把裝神弄鬼的大巫小巫投入漳河，祭了河神，取消河伯娶親的陋習，還重新制裁了幾個地方的貪官污吏，鄴都百姓都額手稱慶。

鄴都為水患所苦，西門豹親自規劃，在河的上游下游奔走，找出問題，並開始動工，百性們跟著他，一起興修水利，開挖了十二條渠道，引進漳河的水來灌溉農田，很快地水患的問題消失了，作物也豐收了，鄴都又開始恢復繁榮富足的景象。

然而，西門豹勤政愛民，為官清廉，既不逢迎上司長官、阿諛諂媚，也不願意賄賂魏國君主，求取飛黃騰達。雖然政績顯著，卻沒有受到魏文侯的賞識。

相反地，在君主左右的大臣，會因西門豹阻擋了他們的好處，或因他缺少貢品，而心懷怨恨，總是想方設法貶損他、誣陷他，說他的壞話，以至於魏文侯越聽越反感，便打算把他召回京城，罷去他的官職。

君臣相見，魏文侯不免當面責備一番，認為西門豹違反他的期待，而魏文侯受寵的大臣，也跟著添油加醋，批評了一番。

西門豹並沒有立刻反駁，他等國君說完，才道：「從前臣才疏學淺，不知如何統治地方政務，現在聽了國君和諸位大人的話，使我學會了統治的方法。希望王上能再給我一個機會，換一個地方治理一年，如果還是治理不好，儘管砍掉我的首級。」魏文侯答應了他的請求。

西門豹出任新的地方官後，一改往日作風，不但課罰百姓重稅，還不斷賄賂魏文侯的親信大臣，有時送上金銀，有時送上布匹。

一年任期屆滿，他進國都晉見國君，只見魏文侯滿面笑容不斷讚美他，而左右大臣同樣稱頌不已。

這時候，西門豹臉色一變，怒氣沖沖地罵道：「以前臣忠心為國，治理地方政務，立下不少政績，受百姓擁戴，國君卻要罷去我的官職。這一年來，臣開始斂財，送給朝中的大臣，還收取他們很高的賦稅，遭到百姓的唾罵，國君卻讚美誇獎我。這不是很矛盾，很愚蠢嗎？我西門豹不願屈節求榮，做個愧對百姓的貪官，請國君恩准！」說罷，他當場奉交官印，辭官為民。

魏文侯醒悟過來，急忙拉住西門豹的衣袖，連連道歉：「寡人如今才明白事情的真相，請您原諒。我保證從今以後親近君子，遠離小人，任賢使能，就請愛卿繼續為魏國盡力吧！」

西門豹一片忠誠，忠的是國、忠的是民，把他的心肺都掏出來獻給國家，卻險遭魏文侯忽視，豈不可嘆？

我們待人，並非是為了自己的私利，而是希望社會能夠和諧，是為了國家的圓滿。

人生短短不過數十年，我們能夠為人民做些什麼？我們可將我們的才能，奉獻給社會，不論你今天在做什麼？只要盡力做、好好做，將自己的所長發揮到極致，就是最大價值了。

第十則

真心的另外一半還是真心

羅蘭：「愛朋友，喜歡朋友，用誠意去對待朋友，但不要依賴朋友，更不要苛求朋友。能做到這幾點，你才可以享受交友的快樂。」

明朝的時候，有個年輕人叫費宏。他二十歲時，就考中了狀元，便覺得自己比別人高一等，眼睛長在頭頂，不把別人放在眼裡。

有一次，費宏跟一個朋友談天，談著談著，兩人為了一點小事爭論起來。爭了半天，誰也不肯讓誰。費宏火了，衝動之下，竟然賞了那個朋友一個巴掌？那個朋友捂著臉，氣憤離去。打那天起，兩人再也沒有說話。

這事不久就傳開了，費宏的一個老鄉，把這件事寫信告訴費宏住在鄉下的父親。費宏的父親聽到兒子對朋友這樣無理，非常生氣，立刻寫了封信，大意是說：「朋友不是像破了的鍋碗瓢盆，有了齟齬，就隨意丟棄，你年紀輕輕就這麼不尊重朋友，太不像話了。趕快去向那個朋友賠不是，要不你就會犯更大的錯誤！」隨信還寄了一根竹板子，叫他拿著竹板子到那個朋友家裡去賠罪。

費宏收到信和竹板子，也覺得很慚愧，後悔極了！他立刻照著父親的話，前去那個朋友家裡。可是那個朋友還在生氣，根本不願意見他。他一連去了三次，都碰了一鼻子灰，沒有見到那個朋友。

費宏知道朋友不肯原諒他，心頭發急了，但他還是堅持不懈，再度來到朋友的家前面，不過，這次他先請求別人，把父親的信件和竹板子送給那個朋友看，希望他能原諒自己。

那個朋友看了信和竹板子，知道他的用心，知道費宏真正悔悟了，激動地跑出來接待費宏。

費宏見他眼上掛著淚水，以為他還在生氣，就連忙向他道歉，說：「我太對不起你了，請你別再生我的氣吧！」

那個朋友搖搖頭，說：「不，我不是生你的氣。我只是想到，你有那麼好的父親，當你有了過錯，他會來教導你；可是我的父親卻早死了，我有了過錯，他不能再教導我了。這才是令我覺得痛苦的原因啊！」

費宏說：「這不要緊。咱們朋友之間，也能互相指出過錯，互相幫助，改正過錯啊！」

從此以後，他們倆不但沒有吵過架，反而經常互相勉勵，互相幫助，成了很要好的朋友。

如果我們有這麼好的一位朋友，相信這一生也就不會有什麼遺憾了。真正的好朋友在你的生命旅途中，一定會是一個與你分享幸福和悲傷的好知己，也會拉著你一起前進。

孟子曾經說過：「人之相識，貴在相知，人之相知，貴在知心。」林肯也說：「人生最美麗的回憶就是他同別人的友誼。」可見古今中外，對於「朋友」都有非常大的感概。

當然了，朋友之間也常常因為過去的生活經驗不同、立場也不同，而有不同的想法與價值觀，我們應該抱持寬容與尊重，理解與信任，才能好好的維繫這段情感。

每段友情都得來都不易，我們對待朋友，要抱持真心，並提醒自己，即使因立場不同而有不同想法，也不會因此與對方交惡。

第十一則

逆耳忠言終有益

真正的交情，是當你有缺點時，也能跳出來指正。

有一天，齊景公率領大臣，到公阜遊玩。這天的天氣很好，只見寬闊的大地一片生機盎然，處處紅花綠葉，枝頭的鳥兒啁啾，蜂蝶在花朵上汲取蜜汁，而農家的莊稼，也都非常飽滿，看來今年又是大豐收。舉目望去，一片和諧。

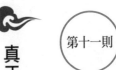

齊景公突發感歎：「如果我能夠長生不老，天天暢遊山水之中，該有多好啊！」

晏子聽到這話，覺得若國君動了念頭，跑去追求長生之術，必然會忘了治理國家，把人民拋到腦後，影響至深，於是說：「生和死是不能改變的自然規律。人人都長生不死的話，那也未必是好事。」

「為什麼呢？」景公不解地追問。

「如果齊國的開國君主太公和丁公活到現在，他們一定還是一國之主。那桓公、文公、武公充其量就只能當他們的助手，而您也只能夠在頭上戴著竹笠，手裡拿著鋤頭，終日在田裡勞動，怎麼還能夠率領群臣到處玩樂呢？」晏子潑了齊景公一桶冷水，景公覺得沒趣，就和其他人講話，不想理他。

到了中午的時候，出現了一輛車，由六匹馬拉著，跑得飛快，揚起了地上的塵沙，看起來非常雄偉。齊景公得意地對晏子說：「這是梁丘據接我來了，你看他所駕駛的馬車跑得多快！滿朝的文武，只有他最了解我的脾氣了。」他還在為剛剛晏子掃了他的興致，心下一些埋怨。

晏子卻不滿地說：「梁丘據稱不上好的臣子。古人說過，作為一個忠實的臣子，不可事事都附和國君，因為國君認為是好的，不一定都對。國君認為錯的，也不一定都不對。這個梁丘據最會察顏觀色，對國君拍馬奉承，不論對錯，一味迎合，王上聽了或許很開心，可是對國家長遠利益又有什麼好處呢？」景公很不高興，轉身拂袖而去。

而當夜色降臨，星光燦爛，點點的星光高掛蒼穹，美麗極了！齊景公和大臣正在欣賞夜色，突然一顆流星從頭頂疾馳而過，把景公嚇了一跳，他以為這是不祥的預兆，連忙要主管祀禱的官員設案禱告，保佑齊國君臣的平安。

晏子知道之後，連忙勸阻：「流星有什麼可怕呢？它只掃除邪惡的事情，國君如果沒有做錯事，何必提心吊膽呢？要是做了這類的事情，讓流星掃掉，不是很好嗎？」景公氣得臉色鐵青，說不出一句話來。

晏子像沒看到王上的臉色，他面帶憂愁，批評也越來越重：「現在我所擔憂的倒不是流星的出現，而是國君縱情遊玩，親近小人，喜聽讒言，疏遠賢臣，長期下去的話，災難必然降臨到我們齊國。國君的這些過失，光靠祈禱是幫不了忙的。」

齊景公再也沒有遊玩的興致了，立即下令駕車回宮。這天夜裡，這位齊國君主，翻來覆去，睡不著覺，他細細品味晏子批評自己的話，突然覺得每句話都有道理，都是為了國家與社稷，沒有一個是為自己的，火氣頓時全消，反而深深欽佩這位相國的智慧，以及對自己的忠誠。

晏子去世時，景公非常哀傷，像失去了自己的父親，不斷哭泣。他在弔唁時，痛哭流涕：「那天相國在公阜，三次指出我的過錯，這樣忠心耿耿的賢臣，我現在哪裡去找啊？」晏子無懼景公的身分，有話敢言，難能可貴。交友貴真心，晏子可以說是景公的忠臣、益友，站在景公的立場，為景公指出缺失，為景公著想。我們又何嘗不希望有個摯友，能夠在我們迷茫的時候，指點迷津？

賽維涅夫人說過：「真正的友誼從來不會平靜無波。」非洲也有一句很有意思的話：「朋友的一拳，勝過敵人的一吻。」說的就是朋友們為我們著想的時候，因為發急而冒然的舉動，也可以引用到，朋友們發現我們有錯誤，遂給予指正的話。朋友之間，不可能光說好聽話，教導指正都透露對我們的關心。

當兩個人交往時，就應以真心待對方、以真言待人，倘若我們的身邊，有這樣一個人，就要好好珍惜，平時多跟他連絡，不要等到朋友離開我們之時，才悔恨莫及。

第四章

做個有智慧的人

第一則

找出生活的細節

我們平常就要仔細觀察周圍的事物，從而引發自己的想像，動動腦，終究會有收穫。

西元前五百零六年，吳國的兵馬準備攻打楚國，伍子胥率領了一萬兵馬，準備攻打麥城。行軍來到城外約三十公里處，前面的探子告知，楚國派了大將斗巢，率領重兵，在麥城堅壁築壘。

伍子胥命令部隊停止前進，就地紮營，安排好下屬之後，自己則和兩名衛士換了便服，出營勘察地形，順便思考破敵之計。

伍子胥來到一個村子，見到有一個人牽著驢正在磨麥，驢子邊走，那磨跟著轉動，而麥屑紛紛落下。伍子胥靈機一動！

回來之後，他命令每個軍士在凌晨前，都要準備一個裝滿沙土的布袋和一捆草，還有每輛戰車上都要裝上很多石頭。

天亮的時候，他把部隊分成兩路，一路往麥城的西面，一路往麥城的東面，在指定位置，按伍子胥規定的進度，將所帶的石頭、沙土還有草，建立了兩個臨時堡壘，充當防禦工事。東邊的堡壘比較狹小，像驢的形狀，故叫它「驢城」；西邊的堡壘較圓，像磨的形狀，叫它「磨城」。

楚將斗巢聽說吳軍在城外的東、西兩面，構築奇形怪狀的工事，便急忙率軍前來搗毀，但「驢」、「磨」兩城早已構築完畢。

斗巢先到東城，也就是驢城，見城上插滿了吳國的旗幟，斗巢率兵進攻，雙方相持不下，忽然聽說吳兵攻打麥城，急忙回去搶救，結果因為先前跟驢城的守兵打了一回，在麥城失敗也是可想而知。

伍子胥在麥城與斗巢相迎，對他說：「你們的士兵已經很疲倦了，暫且入城，明日再戰。」斗巢也想擇日再戰，他便率兵入城。

只是斗巢沒有想到，伍子胥趁這個時候，將事先所安排的數十名士卒，混入其中，在半夜的時候，丟下繩索，城外的吳軍便攀著繩索而上，攻下了麥城，等到斗巢發現時，已經來不及了，他只能趁亂逃跑。

從這則故事，我們看到了伍子胥受到牽驢磨麥的啟發，在麥城的兩邊，建立了「驢」、「磨」這兩個堡壘，如此一來，斗巢顧此失彼、分身乏術，藉此分散了麥城的防守力量，進而攻破麥城。

伍子胥僅僅從看到驢子磨麥，就有這麼大的效果嗎？重點是他懂得思考，懂得從普通的道理，再延伸到其他的事物上。

生活中有很多道理，都是相通的，需要靠我們敏銳的觀察力，法國諺語：「細心觀察是為了理解，透徹理解是為了行動。」伍子胥攻麥城便是很好的例子。

好比寫作吧！生活俯拾皆靈感，透過觀察人生百態，能寫下一本鉅作。就算不是寫作，從透過觀察生活周遭，再開拓我們的想像空間，能為我們帶來無窮的生機。

第二則

發揮大腦的價值

任何事物都有運行的規律，動動腦筋，想想事情的規律，就能找出最適合的方法，擺脫困境。

徽州有個婦人，生得天姿國色、美麗非常，卻嫁了一個整天只會喝酒，不思長進的丈夫。

一日，她的丈夫喝得醉醺醺回到家中，她說有位富商早已看上她，並願意出重金娶她，他已收了銀兩，答應了此事。婦人聽聞，痛哭不已。她的丈夫不斷威脅，無奈之下，婦人只好同意。丈夫大喜，選擇了一個晚上，準備了酒食招引富商前來。

那天準備完畢，婦人的丈夫故意離開，叫婦人好好招呼富商。結果那名富商來得晚了一些，等他走進房裡，大吃一驚！因為那名婦人已經被殺死，她的頭也沒有了。

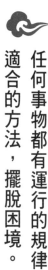

富商恐怖至極，大叫起來，驚動了左鄰右舍，婦人的丈夫也聞聲趕來，見狀一把揪住富商，拉他見官，說富商殺了他的妻子。

富商連喊冤屈，說：「我的確是看上他的老婆，也給了他錢，希望他能將他老婆讓給我，但那女人即使不從，還可以慢慢商量，怎麼會因而殺她呢？」

官府一聽有理，就派捕頭調查街鄰，捕頭來到一個老人家中打聽，這個老人說：「以前這兒有個和尚，在殺人後的第二天，就沒見到他的蹤跡。」捕頭覺得有異，立即派人調查和尚的蹤影，果然在鄰地發現了他的蹤跡。

只是直接逮補的話，這和尚斷然不會說明真相，不如智取。捕頭心生一計，叫一名衙疫，穿著那婦人生前的衣服，躲在和尚會經過的林中。

果不其然，當和尚夜晚經過這片樹林，那人便學著婦人的聲音叫：「和尚，還我頭來！」和尚嚇得面如土色，以為鬼魂出現，忙答：「頭在你宅上第三戶人家的鋪架上。」捕頭早已帶著不少人，埋伏在林中，眾人聞言，一擁而上，將和尚捉住。和尚自知上了當，只得老實交代。

原來那夜他巡街化緣，見到婦人家的門是半掩的，便溜進去想要偷東西，他進入屋內，見到一位漂亮的女子，而女子一見到他，就驚叫起來！情急之下，他失手殺了婦人，後來又怕被別人發現，便把她的頭帶出去，掛在第三戶人家的鋪架上，然後逃到鄰縣。

捕頭立刻將第三戶人家的主人找了，追問之下，那人說：「的確是有這麼一回事。只是當時因為害怕被誤會，就把人頭埋在園子裡。」捕頭派人前往挖掘，果然挖出了婦人的頭。

於是，婦人的丈夫被縣官痛斥一頓，富商被趕了回去，而殺人的和尚則被處以死刑。

遇到問題時，切莫亂了陣腳，先定下心來，去思考事物進行的規律、道理，然後再去解決，方能事半功倍。說穿了，就是要靠我們的腦袋，發揮我們的智慧，以及過去的經驗，如果還不足的話，去請教長者或有智慧的人，不過最重要的，還是要利用我們的腦筋，好好的思考探究，求學如此，遇事亦如此。

大腦，是上天賜予我們走在這個世上，最重要的工具，好好動動腦，凡事迎刃而解。

第三則

不通則變，變則通

遇到問題，苦思不得其解時，不如變換一下自己的想法，暫且從其他方面下手吧！

明朝時，安吉州內有一戶富有的人家，準備要嫁女兒。大戶人家要嫁女兒，可不比平常百姓，規矩很多，儀式也相當繁複，他們在屋內裡裡外外，都結上了紅色的綵燈，並廣邀賓客前來吃喜酒，他們認識的人又很多，親戚也不少，人們來來往往，都快要將他們家的門檻踩平了。

這時，有一名小偷見狀，認為這是大撈一票的好時機，便趁著門房不注意時候，溜進這戶人家，躲進了新房，他鑽進床底，想等到天黑時，再來偷竊新娘的財物。

只是他沒有想到由於這戶人家，家大業大，前來賀喜的人潮進進出出、絡繹不絕，新房裡一連三天，燈火通明，不是家人親友進來探望，便是家僕、奴婢忙著張羅招待客人，這個小偷根本沒機會下手。

苦捱了三天三夜的小偷心想：再這樣下去，也不是辦法，便等到新房裡只有新郎跟新娘的時候，爬出床底，拔腿就跑。

「抓小偷啊！」新郎見有人從床下出來，大叫一聲，追了出去，新娘則嚇得渾身顫抖，躲在棉被裡。

院子內有其他賓客以及家丁，眾人見到一名男子慌張奔跑，而新郎又在他身後高喊抓賊，便立即撲上去，將小偷綑了起來，扭送官府。

縣令聽聞此案，即刻升堂：「你是什麼人？」小偷在被抓來的路上，早已想好了方法。此刻，他鎮靜自若，態度從容：「大人，我是個醫生。」

縣令喝道：「既是醫生，為何躲到人家新房內？」小偷對答如流：「大人，那新娘患有特殊的婦科病，要求我在她出嫁之前，都得跟著她，我這也是聽她的話而已。」縣令不管怎麼審問，小偷都有問有答，而且對新娘家的事也非常清楚。

原來這小偷在床底下躲了三天三夜，那新婚夫妻之間不論講了什麼話，做了什麼事，都被他聽了進去，縣令無奈，只得對原告說：「被告到底是醫生還是小偷，只有請新娘上堂作證了。」他派人前去請新娘，然而新娘子聽了，堅決不肯上堂。

新娘子覺得自己才剛新婚，就上堂打官司，未免太晦氣、太丟臉了！況且那竊賊竟然在床底下躲了三天三夜，想到自己的言行都讓賊知道了，她更覺得無地自容，便拒絕了。

縣令聽說新娘不肯上堂，也沒有辦法，就問身邊的一位老吏怎麼辦？

這位老吏人生經驗豐富，辦案無數，他說：「年輕姑娘面皮薄，她不肯來到堂上，這也是可以理解的。只是這案情總是要問個水落石出。依我之見，那小偷不一定認識新娘，若是請另外一位年輕女子出庭作證，就有好戲可看了。」

縣令覺得這個計策很不錯，便按照老吏的吩咐，安排了一位由妓女裝扮成的新娘，再對小偷說：「現在新娘子來了，你敢和她對證嗎？」小偷暗暗發急，牙一咬說：「敢！怎麼不敢！」

這時，老吏領著「新娘」緩緩走進公堂。小偷一個快步上前，嚷了起來：「我的姑奶奶，不是妳叫我來幫妳治病的嗎？為什麼又讓人將我當作賊，送到衙門呢？現在妳可要給我作證啊！」

「哈哈！」在場的人哄堂大笑，妓女裝扮的新娘也笑了起來：「真正的新娘還在新房呢？你認得是哪家的新娘子？」

小偷一時傻了眼，跌坐在地，再也沒有把戲可唱了，這時候縣令再一追問，他只得老實地認了罪。

老吏不墨守成規，懂得靈活變通，讓事情有了進展，進而逮捕小偷。平常的我們，做人自然要按照規矩，但做事的時候，有時也要懂得變通。

這並不是要你違背自己的良心，做些天理不容、違背法理的事情，而是在所有條件許可下，有所改變。

就像我們打算從台北要到台中，就有好幾種交通工具，高鐵可以到、火車可以到，客運也是一個方法。如果真有急事，訂不到票，那就算是搭乘計程車，就算貴了些，但也是一種變通的方式。

事情懂得變通，才有進展，腦筋要靈活運用，才能突破困境。我們要適時改變自己，啟動不同思維，方能有新的局面。

第四則

捉到對方的矛盾點

人站在自己的立場，往往不明白自己的做法是否影響到其他人？藉由同樣的問題，能讓人重新反省思考。

明代時，有個叫做翟永齡的孩子，他的母親篤信佛教。別說逢年過節，她總要沐香湯、戒葷腥、設香案、燒紙錢、頂禮膜拜一番；即使是平日，她也要抓住一切空閒時間，整日「阿彌陀佛、阿彌陀佛」念不停，念得家人很煩惱。

有宗教信仰本是好事，但翟永齡的母親這麼做，已經影響了家庭，家人勸她收斂點，她不但不聽，反而念得更大聲了，讓人很是頭疼。

翟永齡覺得這樣也不是辦法，決心說服母親不要再念佛念個不停。這一天，他看到母親在廚房，靈感一閃，就大聲呼喚：「媽媽，媽媽！」母親不理他，依然一邊在灶間燒火，一邊「阿彌陀佛，阿彌陀佛」地念個不停。

翟永齡又高聲喊道：「媽媽，媽媽。」母親一邊「嗯，嗯」了兩聲，依然念著「阿彌陀佛，阿彌陀佛。」

翟永齡窮追不捨，又不停喊道：「媽媽，媽媽。」這下子，母親終於有所反應，怒聲責罵道：「煩死了，我又不是聾子！你這麼大聲嚷嚷，到底想要幹什麼？」

翟永齡裝作無辜，說：「媽媽，我只不過叫了您五、六聲，您就不耐煩，可是您對釋迦牟尼佛整天念了不知幾千遍、幾萬遍的『阿彌陀佛』，這佛祖聽了，豈非要厭煩死了，這樣下去，可是不得了啊！」

母親看著兒子滿臉驚慌的神情，也不安地詢問：「怎麼不得了啊？」翟永齡說：「我聽一個有道行的和尚說，佛經上講的，如果教徒得罪了佛祖，活著要遭殃，死了不得升入極樂世界！」

「啊！」母親大吃一驚，從此再也不敢「阿彌陀佛」念個不停了。

有時候人會陷入盲點，不知道哪裡出了錯？這時候，就要靠旁邊的人幫我們找出來。警覺性夠強的人，還會覺得不對勁，願意接納其他人的意見；最怕的是認為自己沒有錯，還執著而不肯改變，才讓人頭疼。

翟永齡以「其人之道還治其人之身」方法，解除了家人的煩惱，可以說是傑出智慧的表現，當人與人之間遇到衝突時，直接否定對方，只會發生衝突。利用同樣的癥結點，讓對方明白自己疏忽所在，不失為機智的表現。

想要讓方知道問題在哪？最好的方法，就是讓對方也體會到自己感受，就像有的家長想提醒孩子不要浪費，要懂得珍惜，便一起體驗「飢餓三十」，透過這種活動，孩子便可以感受到「人飢己飢」的同理心，以及大人為什麼一再諄諄教誨？

人與人相處，往往會有衝突，可以捉到對方的矛盾點，再加以出擊，會比正面抗拒來得有效果。

第五則

魯莽是偽裝的勇敢

英國諺語：「勇敢的最重要成分是謹慎。」故面對敵人時，要準確分析，知己知彼，這樣才能百戰不殆。

西元前二百零三年十月，韓信攻下了齊國曆下，一舉占領了齊都臨淄。齊王田廣見情況危險，便趕到楚國，向項羽求救：「您是各國的盟主，現在齊國被韓信攻破，情況十分危急，您總不能見死不救吧？」

項羽見田廣嚇成那副模樣，睥睨的說：「你別把韓信吹捧得像神一樣，那位穿過褲襠將軍竟把你嚇成這般樣子，真是活見鬼。」但還是派了大將龍且，率領了兩萬士兵，前往齊國，聯合抵抗韓信。

同年十一月，齊楚聯軍，與韓信所率領的漢軍在濰水的兩岸臨水對陣。龍且是位有勇無謀的人，用兵往往只求狠衝猛打，完全不講求計謀韜略。好戰的龍且幾次要向漢軍發起攻擊，都被齊王田廣勸阻了。

「將軍，我們再經不起失敗了，沒有必勝的把握，千萬不要過河去與漢軍拚個生死，我們實在是禁不住這個失敗啊！」齊王苦口婆心地勸說，希望龍且不要魯莽行事，可是齊王的良言相勸，終究沒能阻止龍且。

這天，韓信突然指揮大軍渡河進擊，可是部隊渡河渡過一半時，漢軍便撤回了。

「龍將軍，漢軍不戰自敗，而且退得如此有秩序，似乎哪裡不對勁？其中可能有詐。我們可要小心點！」田廣覺得憂慮。

「哈哈，我早就知道韓信這人是個膽小鬼，齊王，您可不要『一朝被蛇咬，十年怕井繩』呀！您這個樣子，怎麼當齊國的君王呢？」龍且根本聽不進齊王田廣的意見，一意孤行，指揮部隊乘勝追擊了。龍且自信滿滿，認為必能打個大勝仗。

豈料，當他領著士兵渡河，還過不到一半，濰水的上游突然發起洪水，只見激流滾滾，傾瀉而下，有如一條白色巨龍，帶著驚天動地的氣勢而來，一下子把龍且的部隊沖散了。

這時候，在對岸的漢軍開始攻擊！情況大為不妙，龍且開始感到慌亂，但人在水中，進也不得、退也不得，而在急流當中的士兵，更是成了漢軍的活靶子，毫無招架能力，而阻在濰水東岸的楚兵，更是潰不成軍，四散逃亡。

而漢軍在韓信的指揮下，過河乘勝追擊，殺死了龍且。齊王田廣也被韓信活捉了。齊楚聯軍，就這樣被打敗了。

至於濰水為什麼會突然暴漲？原來，韓信早在齊楚兩軍抵達濰水之前，就叫士兵在夜裡做了一萬多個布袋子，裡面裝滿了細沙，堆在濰水的上游，這樣濰水上游便形成了一個人工堤壩。

然後，他再佯裝敗退，把敵軍引到河中，等到敵人中計，他再命令在上游的士兵把沙堤打開，這樣洪水瞬間傾洩而下，漢軍便能輕而易舉地打敗齊楚聯軍。

韓信設置誘敵，水淹聯軍，最主要是因為龍且驕傲輕敵，一意孤行，最終落得慘敗，不僅丟了自己的性命，連跟隨他的士兵也落得悲慘下場。

凱瑟琳．雷恩說過：「魯莽往往以勇敢的名義出現。」我們遇到事情時，千萬不能憑著一時意氣，魯莽行事。韓信的退守並不是懦弱的行為，後退是為了前進做準備，而身為領導人的龍且，卻看不到後面的災禍，只憑衝動前進，還連累了兩方軍馬，相當可惜。

遇事不懂得思慮，必招苦果。有時候我們想想為什麼會變成現在這個樣子？是不是當初缺乏思考，只憑一股衝勁而行？

像是有人欠了信用卡的債務，當下消費時，也沒去思索這筆消費是不是必要的？刷了之後，有沒有能力去償還？等到帳單來了，無力還款，結果債務越積越多，這便是衝動的結果。

在面對引誘時，要退一步想想，對方這樣的布局，是不是有什麼用意？冒然前進，會不會讓自己進到萬劫不復的地步？多思索兩步，便可以免除災禍。

第六則

明澈的洞察力

要想看破事物的假象，就要有洞察的能力，隨時保持一顆清醒的腦袋，就能識破敵人的詭計。

西元前二百七十年，秦昭襄王採用范睢遠交近攻的策略，拜白起為大將，先擊破楚軍，奪下郢都，迫使楚國求和；又大敗魏軍，斬首四萬，魏國為求自保，只得獻出三個城池求和。

秦軍連連克捷，秦王被勝利沖昏頭了，再派胡傷率師二十萬伐韓，包圍了邊城閼與。

這閼與是韓國的邊陲重鎮，若被秦軍攻破，非但韓國朝不保夕，同時也會危及趙國的疆域。於是韓王火速派遣使者，前向趙國求救，趙惠王也不拒絕，立刻派出趙奢為將軍，率兵五萬，火速馳援。

只是這大軍離開趙國都城邯鄲，才走了三十里，突然傳來主將的命令：「停止前進，就地紮營。」

「怎麼才離開都城就要紮營，是不是命令傳錯了？」「救援閼與這麼緊急的事，不該停兵不進啊！」趙國官兵們疑惑不解，議論紛紛。

趙奢隨後又傳命說：「就地紮營，不得延誤，若有人再討論軍事者，斬！」

這下子趙國的士兵們都不敢再說話，這仗還沒打，項上人頭就不保，這還得了？

而這時候，有一名打探軍情的軍官回來，知道這項命令，不予理會。因為秦軍攻打閼與，其勢非常勇猛，請趙奢儘快帶兵救援。結果趙奢以他違犯軍令，將他斬首示眾！

如此一來，全體官兵知道趙奢不是開玩笑的，再也不敢提進軍解救閼與的事了。於是趙軍原地停留二十八天，每天增壘挖溝，修築防禦工事。

而秦國主將胡傷聽說趙國已經派人出來，可是一個月都快過去了，還不見人影，就派了一名親信，直入趙營，去見趙奢：「秦軍攻打閼與，很快就要破城而入，趙將軍若敢與秦軍交鋒，請速來一戰。」

趙奢卻道：「趙王以鄰邦告急，派遣我加強邊防，我怎麼敢與胡傷大將軍交戰呢？」他還款待了胡傷的親信，讓人帶著他看過趙營防禦，又禮送他出境，秦使如實回報。

胡傷聽了，高興地說：「趙奢動也不動，只顧著自己，根本不敢與我打上一場，我可以專心攻打閼與了。」

而送走秦軍的信使後，趙奢開始有所動作，他馬上點選了數萬精銳輕騎作為先鋒，大軍隨後，日夜兼程，僅兩天一夜，就進軍韓國，在離閼與十五里的地方安營紮寨。

軍士許歷獻策說：「秦軍不知我們已經到來，對我們並沒有防備。元帥應到北山山嶺上，從那裡觀察秦兵的行動。」趙奢就讓許歷帶領一萬人，屯據北山待命，然後厚集陣壘，等待秦兵來戰。

等到胡傷發現趙奢的兵馬，竟然出現在背後？大吃一驚！知道中了敵人的計謀，但想他秦國有二十萬大軍，趙軍不過五萬，打算先退趙兵再攻閼與。兩軍交戰，趙兵在主帥的指揮下，與秦兵廝殺正烈。

此刻，忽聞一聲鼓響，只見許歷帶著兵馬從山頂殺了下來，喊聲如雷，前後夾攻，立即將秦軍殺得人仰馬翻。胡傷大怒，企圖爭奪北山山嶺，幾次衝鋒，都被飛石擊潰。而趙奢再度揮兵圍來，幾乎將胡傷生擒，胡傷趕緊逃走，趙奢乘勝追擊，將秦國大軍趕出韓境五十里才收兵，一解閼與之圍。韓王親自勞軍，致書稱謝趙王。

趙奢紮營，是為了掩人耳目，讓敵軍掉以輕心，然後出其不意給予攻擊，取得了勝利，使大家口服心服。

人生旅途總是會遇著許多狀況，我們對於太過輕易看到的事物，也不能保證它就是真相。有的有可能是煙霧彈、有的是障眼法，這些都是故意攪亂我們的目光，讓我們失了方向。

所以，在面對任何事物時，都要有明晰的洞徹眼光，對於事物的迷障，還要有撥開迷霧的能力。眼見不一定為憑，即使眼睛已經看到了，還不一定為真，還要用腦袋去思考，利用我們的智慧去判斷。

唯有保持一顆清醒的頭腦，並訓練自己的眼光，再對於全盤局面做個通透了解，才不至於在人生的道路上，栽跟斗。

第七則

投其所好，將計就計

遇到問題，不要害怕面對，先沉穩下來，利用現有的局勢及優勢，去思考如何突破，讓對方措手不及。

明朝正德年間，福建的福州府城內，有個朱紫坊，這朱紫坊有個秀才叫做鄭堂，字汝昂，號雪樵山人。他琴棋書畫、詩詞歌賦樣樣皆通。他在繁華的鼓渡雞口，開了個字畫店。幾個月下來，生意興隆，也漸漸有了名氣。

一天，有個叫龔智遠的人，拿來一幅《韓熙載夜宴圖》，這可是五代名畫家的傳世之作，是件稀世之寶，鄭堂大喜，沒想到竟然有人拿這幅圖前來典當，當場付了八千兩銀子，而龔智遠則答應到期，願還一萬五千兩，然後離開了。

鄭堂得到畫，喜滋滋的，如果龔智遠沒有來贖的話，這《韓熙載夜宴圖》就是他的；如果畫被贖回去，他還是有賺頭。

可是這一晃就是半個月，到了最後一天，還不見龔智遠來贖畫，鄭堂焦急了，他取出畫，再仔細看一遍，才發現竟然是一幅假畫？他的八千兩銀子飛了！

鄭堂被騙了八千兩銀子的消息，一夜之間，驚動全城的同行。

沒想到隔了兩天，全城的士子名流，還有字畫的行家都接到鄭堂的邀請，眾人十分訝然。

大伙不知道鄭堂為什麼這時候還有心思宴客？大為不解。但他們更好奇鄭堂被騙的反應，於是當晚賓客幾乎全到了！有的抱著關切的心情，有的抱著吸取教訓的心情，也有的人抱著看熱鬧的心情，更有一些人抱著幸災樂禍的心情而來。

鄭堂辦了十桌酒席，坐無虛席，鄭堂先請大家喝酒，席間沒人敢提鄭棠被騙的事。酒過三巡，鄭堂主動命人從內室取出那幅畫，人群開始起了騷動，等《韓熙載夜宴圖》的假畫掛在大廳堂的正中央，大伙無不屏息以待，等著鄭棠下一步的動作。

鄭棠對大家說：「今天邀請諸位而來，一方面是向大家表示鄭某立志字畫這個行業，即便遇到挫折，也不會因此罷休；另一層意思是，透過鄭某這件事，讓大家有個警惕，同時也讓我們同行共看假畫，認識騙子是用什麼手法以假亂真，免得日後有人受害。」

眾人離席，紛紛上前，仔細看完假畫之後，都說：「鄭先生使我們開了眼界，避免同行日後受騙上當，真是功德無量！」

鄭堂笑著，此刻，他將假畫從牆上取了下來，投進火爐當中，眾人又是驚呼不已。

鄭堂邊燒邊說道：「如此騙人之物，留於世間，又有何用？不如燒了吧！」鄭堂燒畫，一夜之間又轟動整個府城。

第二天，驚人的事情出現了！鄭堂到了店裡，見龔智遠坐在店裡，他笑瞇瞇的跟鄭堂打招呼，還解釋說因為有事，而擔誤了銀子的還期，為此感到不好意思，客套一番。

而鄭堂則淡淡的說：「只誤三天，無妨，但需加三成利息。」這連本帶利一算，共計一萬五千兩百四十兩銀子。

那龔智遠早知畫已燒了，所以並不擔心，他說：「好，我將兌銀，請鄭先生兌畫！」「好的。」鄭堂說這話時，龔智遠見他表情自然，覺得疑惑，等鄭堂進了內室，取出那幅畫交給龔智遠，龔智遠接畫在手，迅速展開一看，兩腿一軟，幾乎癱了下來。

原來，鄭堂一開始早就察覺這幅畫是假的，只是當時故作不知，還將畫收了下來，目的就是為了讓龔智遠就範。

隨後，鄭堂照這幅畫，再仿另外一軸，同時私下派人四處傳播自己受騙了，設宴毀畫，目的就是讓典當圖畫的幕後策劃者知道，主動送來本息巨金。鄭堂在宴席上燒，其實是自己仿造的那一幅。

就這樣，鄭堂不但沒有損失錢財，反而賺了一筆，並且懲治了欺騙自己的幕後黑手。

以計害人，足不可取，上天給我們聰穎的腦袋，是用來解決事情，為社會謀福利的，如果以才智來陷害他人，謀取私利，就無法再說對方卑鄙了。

我們遇到被別人用計所設計之時，不要慌張，先冷靜下來，找出漏洞，再藉此教訓存心詐騙之人。

詐騙這個行為，到現在還沒滅跡，現在有很多人遇到詐騙集團開始懂得反擊了，用的就是將計就計這一招，讓騙子以為成功時，反而被警察生擒，或是擺了詐騙集團一道，大快人心，也令人發噓。

不過將計就計，需要有精明的腦袋、沉穩的氣度，在爾虞我詐中，找出一線生機，打擊犯罪集團！

第八則

冷靜可以淡化情緒

真正危急的時刻，只有冷靜才能解決問題，因為很多時候都是一個人面對難題，別人是沒辦法幫你的。

唐代有個滕王，他的身分高貴，為人卻極其荒淫，甚至還立誓要睡遍百官的妻子，名聲非常惡劣。

他常以自己妃子的名義，召見官員的妻子，把官員的妻子騙到宮裡姦淫，讓官員們避之唯恐不及。當時有個典簽名喚崔簡，據聞他的妻子鄭氏貌美如花，滕王當然不肯放過，就派人以自己正妃的名義，前去傳喚。

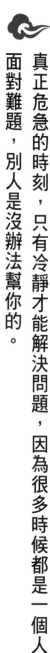

崔簡知道後，擔心如果讓妻子前往宮中，那就要被糟蹋了；可是如果不讓鄭氏過去，滕王降罪下來，豈不家破人亡？正在左右為難之際，鄭氏倒是主動開口了：「夫君，你把我送進宮中吧！」

「不行！那滕王好色，妳這一去，豈不羊入虎口。」崔簡十分擔心。鄭氏安慰：「你放心，我不會讓滕王得手的。」「妳一個女子，如何對付滕王？」鄭氏又道：「放心，我早就有對策了。」

崔簡還是不安，最後鄭氏隻身前往滕王的府中。鄭氏跟著滕王的人，來到王府，進到其中一間屋子，而在裡頭等候很久的滕王，一看見崔簡的妻子，果如傳說中的美貌，色慾薰心，就撲了過去！

鄭氏也不是省油的燈，她一見滕王向她撲來，就大聲呼叫：「大家快來呀！我是來見滕王的，這裡怎麼會有個不知檢點的傢伙呢？一定是哪個品行不端的家奴，冒充大王在這裡！大家快來抓呀！」

鄭氏一邊叫喊，一邊脫下一隻鞋，猛擊滕王的頭部，把滕王打得血流滿面，又抓破了滕王的臉，樣子十分難看。就在此時，王妃聽到叫喊聲出來，王府裡也一團亂，鄭氏乘機逃脫。

滕王哪會想到鄭氏如此厲害，被她一陣毒打，弄得十分狼狽，在王妃面前又不便發作。他又氣又惱，十多天都不出來處理政事，整個人悶極了！

鄭氏回到家裡，把在宮裡發生的事一五一十告訴了崔簡，崔簡聽後，一方面開心於妻子沒事；一方面又戰戰兢兢，害怕滕王將自己治罪，每次看到滕王都膽顫心驚，就這樣過了一段提心吊膽的日子。

後來，滕王獲罪，崔簡看准這個時機，前往宮中道歉。滕王十分慚愧，才認識到以前對不起崔簡，對不起其他的官員和他們的妻子，於是下令放出眾官的妻子。

這些被糟蹋過的妻子，出宮後知道鄭氏拒辱的事，無不欽佩她的勇敢和智慧。

遇到事情時，你是手足無措？還是可以有其他的選擇性，一般人都會想要後者，只要你夠冷靜的話。

像是一個人出國旅行的時候，如果皮夾被偷，你是蹲在原地痛哭？還是冷靜下來，思索解決之道？你可以打越洋電話哭訴，但最終還是得解決問題。你可以跟千里之外的親友尋求幫助，但鞭長莫及，也可以選擇跟當地的使館連繫，讓他們提供協助。

如果繼續慌亂下去，不但解決不了問題，還可能使事情越來越糟，讓自己越來越危險。

慌亂與危機只有一線之隔，冷靜能夠讓我們的腦袋更加清明，可以明白現在的狀況，再找出最適合自己的方法。所以在遇到危機時，千萬不要慌亂，先冷靜下來。

第九則

善於察言觀色

在人際交往中，察言觀色是很重要的，不僅能夠提高社交能力，做起事來也能得心應手。

戰國時，齊威王重用宰相田嬰，並封他為靖郭君。不論大事還是小事，都請田嬰裁奪，因為田嬰出的主意，都能合乎齊威王的胃口。

田嬰原本是齊國公族，沒有什麼大功勞，他能夠爬上如此高位，是因為他知道要讓齊威王寵信，就是順著他的意思去處理一切大小事。但是，有時齊威王又不把他的心思講出來，讓田嬰十分為難。

有一年，齊威王的夫人死了，王后的選立迫在眉睫。但是，齊威王共有七位妃嬪，田嬰不知道威王寵愛哪個？他怕一旦推薦錯了，威王心中不高興，影響了他的權勢地位。但齊威王又不開口，要怎麼才能探出王上的心意呢？

田齊正在苦惱時，正巧，有位富商為了巴結他，送來一對耳環。那耳環用天然水晶琢成，晶瑩剔透，玲瓏可愛。田嬰盯著那對耳環，看著看著，突然眼睛一亮，他有辦法了！

他立刻命人從市集買來六對同樣的耳環，但這些耳環和富商送過來的那一對耳環，不論在水晶的成色，還有做工上都差得遠了，讓人一眼就可看出不是什麼好貨色。

田嬰又叫了工匠，造了七隻同樣的貴重木匣，然後將所有的耳環，連同富商送來的那對，一個匣內裝上一對，準備獻給齊威王。

第二天一大早，田嬰便讓手下捧著木匣，隨著自己進宮，對齊威王說有商人從崑崙帶來七對水晶耳環，想要獻給大王，還特別拿出那對精美的耳環，盡說著它的好處，炫耀了一番。

齊威王一見正好七對，心想自己的姬妃可每人一對，省去了她們的爭吵，心中十分高興。但這樣均分，豈不虧待了自己寵愛的隗姬？好在田嬰有特別說明，那一天退朝後，齊威王就將七對耳環分送給七位妃嬪。

當然，他特別留心，將那副最好的送給隗姬。如此一來，既顯得公平，又不會讓愛姬吃了虧。

過了幾天，田嬰進到宮中，看到那對富商送的耳環，就落在隗姬的耳上，看出了齊威王的心思。後來在選擇王妃的時候，他就奏明威王，說臣子們都希望冊立隗姬為王后。

齊威王一聽，這可合了自己的心意，覺得十分高興。冊立王后完畢，便加封給田嬰不少土地。

田嬰動了點心思，查出齊威王的心意，進而推薦隗姬為王后，順了威王的心意，雖然有點巧詐，但仍不失智謀。

在現今社會又何嘗不是如此？察言觀色乃是透過一個人的一言一行，進而去摸清對方的心思。為了使事情更加順利，有時候我們也會去觀察一個人，從他說話的聲音、臉部的細微動作，甚至身體語言，都可以知道他在想什麼？

人的心情，會表現在外在，心理學就可以證明這一點。很少有人能夠完全控制脾氣，做到喜怒無動於衷，只是有時候這點證據太過細微，而讓人忽略了對方現在真正的心情。而懂得察言觀色的人，便是從這一點下手，進而收服了對方的心意。

只要明白自己的目的是什麼？同時出自善意，察言觀色，就是你的優點。一個不懂得察言觀色的人，有時候也會被人說是不識大體，或是白目呢！

第十則　學會利用各種資源

在生活中，只要我們認真發掘，善於觀察、運用自己的聰明才智，就會找到很多資源，好好利用就可以為自己的成功增添潤滑劑。

五代時期，錢鏐的兒子錢傳瓘（錢元瓘），領兵攻打吳國，吳國派出舒州刺吏彭彥章禦敵。兩軍相遇，在長江邊的狼山展開一場水戰。

錢傳瓘在出戰之前，先命令手下將士在每艘戰船上都裝上一些灰土、豆子和沙子。將士們覺得納悶：怎麼打仗還能用上這些東西？

錢傳瓘見將士們有所疑問，便告訴他們說：「這些東西雖然普通，可別小看他們，在作戰的時候，這些東西就能派上用場。這些灰土灑在敵人的臉上，他們就看不清方向；如果把豆子扔到敵軍的戰船上，他們的腳滑，就站立不穩了；而沙子就留給我們自己用吧！鋪在我們的軍船上，能讓我們站得更穩。與敵軍作戰，就會更加靈活自如。」

將士們聽了錢傳瓘的話，紛紛讚歎他足智多謀，大家心中都增添了必勝的信念。很快地，就把每艘戰船「武裝」好了，只等一聲令下向吳軍出擊。

第二天，錢傳瓘和彭彥章分別率領軍隊，在水上擺開陣勢。彭彥章首先下令出戰。只見吳軍的戰船乘風破浪而來，煞有氣勢。

錢傳瓘知道吳軍正處在順風，不能用計，便命令手下躲開迎面而來的吳船，不要正面迎戰。

吳軍撲了個空，船隻直直開過去。錢傳瓘見此，急忙命令讓戰船跟上，緊隨其後。吳國將領不知錢傳瓘要使用計策，又掉轉船頭，準備攻過來。這時，雙方位置做了交換，錢傳瓘一方乘風而行，吳軍船隻逆風而進。方向也是作戰很重要的因素之一。

等到雙方戰船接近之時，錢傳瓘立刻命令將士從船內抓起灰土，借著風勢，向吳軍吹去。

吳軍軍船正在行進，忽然漫天灰土飛撲而來，士兵們連忙遮住雙眼，有的灰土還跑到他們的眼睛，許多人扔下了兵器用手去揉眼，不過越揉就越睜不開眼睛。

慌亂之中，又發覺腳下直打滑，站也站不穩，原來錢傳瓘叫士兵們一邊往自己船上灑沙子，一邊往吳軍船上拋豆子。海上不比路上，海浪不斷搖晃，這些豆子一落到船上，就開始滾動起來，再加上吳兵的雙眼還未能看清方向，正左右搖晃，踩上豆子，便跌倒，好不容易站起來又再跌坐甲板，這樣一來，每艘吳軍戰船亂作一團，根本無心交戰。錢傳瓘借此機會，命令戰船上前，緊靠吳軍船隻殺死了很多吳軍將士。

至此，吳軍已不戰而敗。錢傳瓘又派人放火燒吳軍船隻，燒死的吳兵不計其數，最後大獲勝利。

錢傳瓘利用三種平常無奇的事物，略施小計，輕而易舉取得全勝。錢傳瓘所利用的小東西，大家都知道，但是為什麼他能想到這些東西呢？就是因為他善於觀察、善於利用，借助環境的力量來使自己獲得成功。

我們在面對問題時，也不要一個勁的，以為自己就能獨立解決，仔細想想自己有哪些人脈、資源？再針對當下的狀況，找出適合的資源，就能事半功倍。

資源有分兩種：有形的資源有多有寡，就看自己如何分配取捨，像是金錢、財物，這些在遇到問題時，能夠輕易化解困境，有句話說：「錢能解決的問題不是問題，錢不能解決的問題才是問題。」那錢不能解決的問題，又該怎麼辦呢？這時候就要靠人脈了。

而無形的人脈資源，卻是平常就要累積，跟人家「博感情」，這樣你有困難的時候，人家才會心甘情願拉你一把，而不是平常不跟人家交流，卻希望對方幫忙。無形的資源，比有形的資源更難得。

這並不是要你為了人脈，而懷著心機去與他人接觸，而是以真心去對待每個值得交往的人，需要先付出，最後才有收穫。而能獲得他人真心的回饋，就是最好的禮物了。

第十一則

新思維，新氣象

在人才輩出的時代，思維不能只講究單一模式，考慮問題的角度和方式也要多元，才能面對未來挑戰。

西元五七四年，北周的都城是長安，有一次，周武帝準備出巡，臨走前，他把太子和大臣們都召集過來，語重心長地說：「朕此番出巡，朝中許多大事，都靠你們了。京師的安全，王業的威望，你們要時刻記在心上。」大臣和皇太子畢恭畢敬地答應著，周武帝便離開了。

周武帝似乎是知道了什麼，當他一離開皇宮，長安城裡就發生政變。

原來宇文直想要當太子，但費盡好大的心思也沒有當上，對現任的太子懷恨在心。這次見父親巡遊出宮，認為機會來臨，便召集部下率兵包圍皇宮，逼太子讓位。

宇文直帶著士兵，耀武揚威，直衝宮殿正中的肅章門。當時守在肅章門的，是一個叫長孫覽的武將。這長孫覽見皇子領兵而來，不敢抵抗，不知如何是好？

宇文直喝令軍隊衝進肅章門，守在肅章門的副將尉遲運看到此情景，明白發生兵變，急忙命令關上城門。

只見宇文直的兵士硬往裡衝，尉遲運帶人拚命關門，雙方發生激烈的爭奪戰。尉遲運的手指被砍傷，但他拚了老命，領著人馬把城門關上，硬是將宇文直組綁在門外。

宇文直見硬衝不行，不覺惱怒，便下令放火燒城門。士兵拿來乾柴，火一點燃，剎那間燒成一片火海，城門眼看燒成了火焰門。

尉遲運知道，如果城門被燒開，皇宮內的御林軍很難抵抗宇文直的軍隊。這時他突然想到既然宇文直想用火攻，那他就反過來利用這一點，以火攻火！

於是尉遲運便命軍士們趕緊從宮中搬來木材，堆在城門內，又倒上油。士兵們都不知道他想幹什麼？但時間容不得他們發問，只能聽命而行！

那火上加油，一發不可收拾！城門外的烈焰燒焦了城門，又順勢燃了城門內的木材。

宇文直急於攻進皇宮，但尉遲運不停指揮兵士，向烈火中投木材，沒有木材，就把桌子、椅子劈了，丟進火中，就是不讓火焰燒盡，維持熊熊大火。就這樣，大火燒了很長的時間，宇文直也不敢魯莽而行，就這樣一道火焰門，將兩軍隔開對峙。

尉遲運又急忙吩咐皇宮內的御林軍，從另一個小門，繞到宇文直的大軍之後，殺他個措手不急！此刻，宇文直率領的軍隊其軍心大亂。

城門已經無法前進，宇文直只得調過頭來，與後方的御林軍戰鬥，尉遲運乘機把宇文直殺得大敗而逃。

周武帝回京之後，立即派人抓回宇文直，判了死罪，並重賞了尉遲運。

俗話說，心急吃不到熱豆腐，宇文直求勝心切，貿然採取火攻，尉遲運則為之添火加柴，讓火燒得更猛烈，以至於宇文直引火上身，丟了自己的身家性命。

以火攻火，有誰想得出來？尉遲軍一反常規，不僅打敗了宇文直，守護了太子，更為自己帶來封賞。

而在這裡，我們可以學習的，是尉遲運的思維，是不被常規所束縛的，他的思考跳脫了一般人的模式，在關鍵時刻，發揮了很大的效用。靈活的思維能讓人掙脫預設的束縛，開創不同的未來。懂得這一點的人，他的人生自然也跟常人不一樣。

不只尉遲運，我們處在這個多變的社會，同樣也需要有不同的思維來讓我們應付這個新世紀。舊有的觀念不是不好，而是要懂得變通，因時因地制宜，才能為我們創造更多的機會。

第十二則

凡事預則立，不預則廢

一個想取得成功的人，必須擁有長遠的眼光，提高對事物的掌握能力，只要預先做好準備，就不會陷入窘境。

西元一〇一五年，北宋皇宮發生了一場嚴重的大火。這場火不但燒毀了宮室的樓臺，也吞噬了所有的殿閣亭榭，讓莊麗的皇宮成為一片斷壁殘垣。

大火結束後，宋真宗站在廢墟上，但見滿目瘡痍，不禁歎息：「沒有皇宮，如何上朝，如何議政，又如何安居呢？」於是他叫來宰相丁謂，令他負責皇宮的重建工作。

丁謂接受任務後，在廢墟上走來走去，思考建立新皇宮所會遇到的問題。蓋皇宮需要很多的泥土，可是京城中的空地很少，取土要到郊外去挖，路程很遠，來往得花很多的勞力，這是問題之一。

再者，修建皇宮需要大批建築材料，都需要從外地運來，而汴河在郊外，離皇宮的位置又很遠，從碼頭運到皇宮有一段距離，還得找很多人搬運，要用很多人力，這是其二。最後是清理廢墟，要將碎磚、破瓦等大批垃圾運出京城，也是個大工城，這是其三。

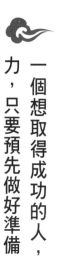

丁謂走在路上，他一面思考解決的方式，結果走錯了路，來到鄉村，他正準備離開時，看到一個臨時搭的小木棚，裡頭有個小姑娘。小姑娘正在煮飯，從生米到熟飯，還需要一點時間，她拿起一旁的衣服，開始縫補，毫不浪費時間。

丁謂心頭忽然想到，既然要辦事情，要達到高效率，就得統籌兼顧，安排好所有的財力、物力、人力和時間，而不是用舊有的方法，讓自己陷入困境。這種道理，連個小姑娘都知道，他怎麼會忽略了呢？

透過這個道理，他提出一個方案，就是先叫民工在皇宮面前的大街上，挖出一條深溝，而那些挖出來的泥土，就拿來做為施工用的土，這樣就不必再到郊外去挖了。

過了一些時候，施工用土充足了，大街上也出現長且寬闊的深溝。

再過些時候，一股洶湧的河水，從汴河河堤人工挖掘得出口湧向深溝之中，等汴河的水填滿深溝之後，一艘艘竹筏、木筏，以及裝運著建築材料的小船，緩緩駛來皇宮前。丁謂站在深溝前捋著鬍子笑了，他一次解決了兩道難題。

一年後，宏偉的宮殿和玲瓏的亭臺樓閣，修建一新。皇宮落成這一天，汴河河堤的缺口也命人堵住了，深溝裡的水則導回汴河之中。

待深溝乾涸時，一車車、一擔擔瓦礫灰土，填到深溝之中，一條平展寬坦的大路，又出現在皇宮之前。而那皇宮也看起來更巍峨莊嚴了！

具有遠見的人，必懂得未雨綢繆與事前規劃。未雨綢繆除了預防，更為可能的意外做好準備，那麼，即使事情真的發生了，也不用懼怕。事前規劃就更不用說了，先想好目標，再事前安排，然後一步步完成。

「宜未雨而綢繆，毋臨渴而掘井。」明代朱柏廬這話就已經為我們做了很好的解釋。人的一生，就在於事前具有遠見，然後不斷思索，緊接著一次次實踐，一次次成熟，一點點進步，我們的生命也能因此絢麗多彩。

第五章

做個有遠見的人

第一則

堅定道德的旗桿

不輕易被奇怪的消息影響，不讓流言蜚語亂了我們的理智，便能接近事情的真相。

西元六一八年，隋朝滅亡，李淵當了唐朝的開國皇帝。雖然年事已高，但李淵仍然勤於朝政。

一日，他在審閱各地送來的公文，發現有人狀告岐州刺史李靖，說他恃功而傲，招兵買馬，意欲謀反，還列出很多證據，讓人不容懷疑。李淵將這份文書看了又看，一直無法放下。

李淵認為李靖一向忠心耿耿，怎麼會謀反？倘若這份狀子寫的是真的，豈不危害國業？他思考良久，還是無法定奪，最後決定派一名御史前去審理此案。

御史聽到李靖謀反的消息，也大為吃驚。他認為李靖做人坦蕩，一向光明磊落，怎會謀反？但憑自己一面之詞，又如何讓人信服？於是向皇帝請求，這次前去岐州調查此事，還要帶著告狀人一同前往，以便取證。李淵答應了，便命人將那告發的官吏找來與御史一同出發。

御史帶著一行人，日夜兼程，趕到岐州。到了目的地後，已經入夜便住進驛站。

誰知第二天早晨，御史把所有人都集合起來，氣急敗壞的道：「昨夜有小偷闖進我的房間，偷走了我的錢財和隨身衣物。失去這些還不打緊，但那裡面有皇上交待我去查案的狀紙，如今不見了，想必是被盜走了，叫我怎麼對得起皇上呢？你們趕快將小偷找出來！」眾人大驚，丟失了皇帝批示的御狀，誰擔得起呀！

驛站的人便將進出御史房裡的人，全都抓起來，但無論他們怎麼逼問，還是找不到狀紙的下落。

無奈之餘，御史只得把那個告密李靖的人，也就是同行的官吏，帶到他的房間，為難地說：「我本來是奉了皇上的命令出來辦案，想不到竟然發生這種事，還把你的狀紙弄丟了，此案如何辦理也無法向皇帝覆命，只能麻煩你再繕寫一份狀子。」

那官吏很為難，但又不好推辭，只得答應重寫。御史給了他筆墨，那官吏坐了下來，抓頭搔腦寫了好久，好不容易才把狀子重新寫完。

御史將那狀子拿過來，看了一下，立刻大喊：「來人哪！把這個誣陷他人的狗官綑綁起來！」手下便跑進來，準備將那官吏抓起。

那官吏心頭一驚，不知哪裡露出馬腳，趕緊說：「下官不知犯了什麼罪？望大人明示。」

御史將官吏先前所寫的狀子，從懷中拿出來，不慌不忙說道：「這兩份狀紙自相矛盾，所舉的造反事例前後不一，分明是你企圖誣陷李大人，還不從實招來？」官吏臉都嚇白了，腿軟在地，一句話也說不出來。

原來，御史之所以說狀紙丟失，是為了讓官吏重新繕寫，以試真偽，如果事情是真的，那就算重寫一份，也不會差距太遠。結果新的證詞和舊的狀紙，所提出的證據，大不一樣，兩份放在一起，不僅前後矛盾，還有許多破綻，所以御史斷定此事是這官吏胡謅。

經過審訊，果然是這名官吏為了私人的利益，企圖誣告李靖，如今被御史識破，他也無話可說，只能乖乖認罪。御史將這名官吏押解回朝，奏請皇帝將他斬首。

在這個社會有很多的風聲，一下說這個人不好，一下說那個人不好，孰是孰非，撲朔迷離。我們的心，就像一根插在風中的旗子，那些閒言閒言則將旗幟吹得一會向東飄、一會向西飄，令我們不安。但只要那根旗桿，也就是道德真理存在，不論那風再怎麼吹，我們心中的那根旗桿都不能搖晃。

因為我們知道什麼是對的，什麼是錯的，如果一味聽從別人所言，只會讓自己陷入迷障，毫無方向，只有找出心中那根道德的旗桿，將它立得牢牢的，再以理智去辨明真偽。就像李靖被陷害，即使你明明知道他是對的，也要找出證據證明此事，而不是一味幫他說話，只會讓人覺得你在幫他脫罪。

讓我們用邏輯去證明這世上的真理，用理智去掌握真相。縱使惡人的計謀籌劃得再嚴密，但百密總有一疏，我們便能掌握這一點，加以擊破。

第二則

用溫柔的心善待他人

有才智就不要藏拙，徹底將它發揮出來吧！總有需要你的人，等著你協助他們。

北宋年間，河中府城外有一座浮橋。此橋建造奇特，橋墩是由一條條的木船緊緊排在一起建造而成。上面再鋪上一塊塊木板，浮橋便架起來。人們還鑄了八隻大鐵牛，每隻重約萬餘斤，置於兩岸，用來拴牢浮橋。此橋既可走人，牲口或車輛通行也沒問題，它是河中府的交通要道。

有一年，黃河暴漲，不但淹沒兩岸，還衝垮了浮橋，而且連八隻大鐵牛也不見蹤影，估計是沉到河裡了。

這座浮橋是當地的交通命脈，少了它可不得了。人民的生計及經濟命脈深受影響，所以當洪水退後，河中府立刻調集人力物力，迅速重建浮橋。

人們日夜奮戰，不眠不休，很快地浮橋就架好了，可是尋找拴牢木船的大鐵牛，成了燃眉之急。再造，費時又費料；不造，又不知要用什麼東西來拼牢浮橋？最好的方法，便是把河裡的大鐵牛打撈上來。

然而，萬餘斤的龐然大物，別說在河裡，就算是在地上，想要移動它半步也非易事。況且，鐵牛沉入河底，早已陷進泥沙之中，想要打撈它，簡直是難於上青天了！

為了能使浮橋盡快使用，河中府便在城牆上貼了一張《招賢榜》，旨在廣請能人賢士打撈鐵牛。

路過的人，看了《招賢榜》，雖然被「重建浮橋」、「造福百姓」、「重金獎賞」等言詞打動，但是苦於無計，只能愛莫能助。

這時，有個法號懷丙的和尚路過此地，看到《招賢榜》上的內容，思考了一會，便揭了榜。

這撕下告示的意思，就是要解決榜上所寫的問題，河中府的老百姓見到有人撕榜，都聚集了過來。只是沒想到這撕榜的竟然是個和尚！

有人好心勸道：「師父，您大概是遠方高人吧？這鐵牛萬餘斤，打撈決非易事，您可要慎重啊！揭了《招賢榜》又撈不上鐵牛，這可不是件小事情！」

和尚笑笑說：「多謝您一片好心。貧僧自有辦法，解鈴還需繫鈴人，水把鐵牛沖走，我再叫水把它送上岸來！」

聽他這麼說，旁邊的人將他送往縣衙去，河中府縣令得知有人能解決此事，非常高興，下令一切聽從懷丙的指揮，這時懷丙開始實施打撈計畫了。

河中府的老百姓聽說有個和尚揭了榜，都趕過來，河邊圍觀的人群比縣令派來的人還多。

首先，懷丙和尚先請幾個水性好的人，潛到水底，知道了八隻鐵牛的位置。再指揮一幫船工，把兩艘大船裝滿了泥沙，並排拴在一起，又在兩艘船的中間，搭了一個木架子。眾人看了，可真是丈八金剛，摸不著頭緒。

懷丙再指揮船工，把船划到鐵牛沉沒的地方，又讓人順著拴在木架上的繩索，潛到水底，將鐵牛捆牢，然後拉緊木架上的繩索。

這時，他又讓船工把船上的泥沙朝河裡鏟去，隨著船裡泥沙減少，船身慢慢上浮。當兩艘船的浮力超過船身和大鐵牛的重量時，陷在沙中的鐵牛便一點一點慢慢往上拔。大鐵牛終於懸在水中了！

懷丙又指揮船工，把船向岸邊划，由於水的浮力，船拉著鐵牛前進，就輕鬆多了，眾人無不歡呼雀躍。這樣反覆來回八次，八隻鐵牛終於全部打撈上來了！

當人們圍著它們又笑又跳時，懷丙和尚悄然走開了，等縣令要將賞金賜給他時，已經找不到人了。

多年之後，河中府的人說起懷丙和尚仍抑制不住欽佩之情。

智慧，除了讓我們在為人處世更加圓融；在做事方面，亦能更順遂；智慧，是經驗的總和，將我們所知、所見聚集起來，遇到問題便能輕易化解；智慧，也可以說是為社會建設，為人民謀福利的才幹。

一個有大智大慧的人，是不會吝於發揮自己的長才。像故事的懷丙和尚，其實已經出世，卻心繫百性，等鐵牛的問題解決又悄然走開。說是出世，卻是入世，佛教的本義，也是在普渡眾生。懷丙可以說是以溫柔的智慧，在照顧這個紅塵。

第三則

為自己創造先機

企圖完成夢想的人，一定要對整個局勢有所了解，並懂得利用情勢，遂能事半功倍，達到想要的效果。

五代末年，後周的兵權逐漸集中到趙匡胤的手中。趙匡胤不僅能征善戰，足智多謀，還是一個有雄心壯志的人。

後周世宗柴榮還在世時，趙匡胤尚能俯首聽令。而柴榮中年身亡，他的幼子柴宗訓即位，趙匡胤便不甘受人驅使，覺得以他這般才能，怎能仰人鼻息，看人臉色做事？便有自立為王的念頭。

而柴榮一死，後周的宿敵也就是北漢，便勾結契丹，企圖入侵後周，柴宗訓連忙請趙匡胤統領兵馬前去迎敵。

趙匡胤父子見兵馬調動大權都集中在自己手中，決定利用這一天發動政變。

這天大批人馬出城後，只見天空半陰半晴，由於光線折射，太陽底下又出現了一個太陽，軍中將士們對比一異象十分吃驚。

當天夜晚，大軍駐紮在陳橋，趙匡胤之弟趙光義便將隨軍的占星術士苗訓找來，授意他製造「天上兩個太陽，地上兩個皇上」的讖言。一時之間，軍營中傳得沸沸揚揚，都說周朝江山不穩，將有真龍天子現身。趙光義又透過趙匡胤的禁軍製造輿論，說趙點檢就是真龍天子。

軍中鼓噪了一夜，趙匡胤在帳中聽得一清二楚，心中大喜。但他警告自己，不可喜形於色，要先假意推讓一番，免得別人說先主屍骨未寒，就欺負人家孤兒寡母，從弱者手中硬搶皇位，難服眾心。

第二天，天色一亮，趙匡胤的親信便找來一件黃袍，到軍帳中，請趙匡胤穿上做新皇上。

趙匡胤假裝大吃一驚，表面義正詞嚴地說：「此事萬萬使不得！恩主剛剛過世，我們理當忠心扶持幼主，同心抗敵才是，你們怎麼能出此言？豈不是陷我於不忠？」

左右親信知道趙匡胤的真實想法，裝作激奮地說：「如今天下紛爭，能者為王，英雄稱世，古今有之，有賢之人應當仁不讓。況且如今皇上幼年即位，我們已被鄰國瞧不起，故有北漢勾引契丹入侵之事。若點檢能承大統，捍我國威，還有哪個國家敢小覷？」

趙匡胤仍要推讓，手下親信將士一擁而上，把黃袍披在他身上，七手八腳地給他穿上，扶他上馬回京都奪位。

大多將士不明就裡，都像看戲般，看著趙匡胤及親信們表演。趙匡胤被親信扶上馬，也不再謙讓了，環視一下周圍的將士們，朗聲大喊：「若我即位，列位能聽我的嗎？」手下親信大聲回話：「哪個不聽，就砍了他！」那時當兵打仗，一是為混口飯吃，二是為劫掠點財物，誰當皇上都一樣，於是眾士兵都點頭稱是。

趙匡胤也不管強敵壓境了，帶頭向京師出發。太后聽到趙匡胤回來了，大感驚訝！再見他身穿黃袍，心中已明白七八分，連忙交出國璽，只求孤兒寡母平安。

趙匡胤雖然政變，但他下達命令，不得侵擾後周皇帝、太后及群臣，也不得擅自擄掠或搶府庫，給小皇帝一個平靜，眾人都答應了。

趙匡胤及其弟光義暗中做手腳，製造輿論，謀奪後周大權，成功表演一齣精彩把戲，攏絡人心，奪得皇位，建立後來的宋朝。

陳橋兵變，雖是政變，卻也突顯出趙匡胤的足智多謀，他善於利用情勢，為自己製造有利的狀況，完成稱王的夢想。

山不向自己迎來，那我們便向山走去吧！一個想要達到山峰的人，是不會將時間耗在虛無的等待當中。與其被動等待機會降臨，還不如主動出擊搶得先機，甚至創造先機，為自己達成目標。

我們在完成自己的目標之時，也可以學習這一點，先了解目前局勢，再看哪一點可以被利用，進而為自己製造有利的環境，這也是一個想完成大目標的人所要學習的。

有才能的人，也要懂得把握時機，便可以比他人更快成功；有智慧的人能把握先機，也只有運用策略，才能創造出適合自己的局勢，達到顛峰之勢。

第四則

跳脫舊有的模式

《宋史》卷二五六《趙普列傳》：「事不凝滯，理貴變通。」跳脫舊有的框架，化阻礙於無形。

西元二一一年夏天，曹操吩咐徐晃帶領四千精兵偷襲潼關後路河西；而他則親自監督軍隊渡過渭水，打算和徐晃兩路夾擊，打敗馬超。但他萬萬沒有想到，他這一計策竟然會失敗！

因為曹操的軍隊在渡渭水時，就被馬超的探哨發現了，探哨立刻告訴馬超這件事，當時馬超正在鎮守西涼，得知此消息，他便馬上召集一萬精兵，以最快的速度飛奔渡口。

而在這時候，曹操還在指揮軍士們上船，心裡正想著等等要怎麼跟馬超開戰。此刻背後傳來聲響，只聽一片殺聲震天，曹操一轉頭見遠處塵土飛揚，馬超已帶將士趕到。

曹操大驚，還來不及作反應，因為大部分軍士仍在渡河，行動上難免不便，而馬超已經命令士兵操弓搭箭，朝曹軍射去！

只見飛箭有如雨點，射向曹操四周。曹操處於挨打之勢，他一方面奮力抵抗，一方面指揮軍士繼續渡河。

只是馬超的人馬越來越近，箭雨也越來越密，狀況岌岌可危，就算曹操軍馬精良，在無力反擊的狀況下，也只能承受攻擊。

曹操的部將許褚忠心耿耿，危急之下他三步併兩步，趕到曹操跟前，硬拉著他上船。

「丞相，再不走就來不及啦！對面的大軍還等著您指揮呢！」許褚一手舉起馬鞍，當作盾牌，擋在曹操前面，另一隻手則奮力撐船向前行進，馬超士兵已經逼進河邊，狀況危急！

就在千鈞一髮之際，突然聽得一陣牛馬亂叫聲，兩邊的士兵都嚇一跳！只見一群肥牛健馬，直奔馬超的兵將之中。這些西涼的士兵見了，竟忘了打仗，爭著去搶奪牛馬，頓時陣容大亂。原來這是曹操的校尉丁斐，故意放出來阻礙敵人的。

馬超見狀，火冒三丈，無論他如何拚命喝斥也無濟於事，這些西涼兵看到牲口，先搶了再說，而曹操趁機渡過黃河，脫離險境。馬超只能望河興嘆。

丁斐的計策令人錯愕，誰會想到這些牲口就能亂了馬超的軍隊呢？戰局變化多端，誰都不知道接下來會發生什麼事情？

人生不可能事事順遂，生活中常常出現一些意想不到的事情打亂我們的步調，讓我們心煩氣躁，離目標越來越遠，唯一能夠讓我們繼續前進的，便是保持靈活的腦袋。

凡事如果沒有按照規矩來，就不知怎麼解決嗎？一個面對新問題就束手無策的人，只會讓人覺得你沒有「解決問題」的能力，這種人很容易吃虧，畢竟意外常常降臨，而如何化解則成了我們的考驗。若是一板一眼，不懂得變通，便無法在多變的環境中找到出口。

不如跳脫舊有的模式，發揮我們的潛力與創造性。當意外來臨時，尚有餘力去應付。諸葛亮說過：「善出奇者無窮於天地，不竭如江河。」保持靈活的腦袋，它會越用越靈活。

讓我們運用新思維，去突破眼前的難關創造新世代吧！

第五則

看透事物的本質

當葉子出現斑點，就代表樹幹已經生病了，想要解決問題，先要探究引發問題的主因才能有效解決。

西元五三七年，東魏的丞相高歡統率大軍，準備討伐西魏，高歡在蒲阪造了三座浮橋，佯裝要渡黃河。

西魏的丞相宇文泰得知這個消息並不慌張，反而對他的手下將領說：「高歡製作浮橋，看起來是要渡河攻打我們，其實他最主要的用意是想讓我們在此地設防，好讓竇泰趁機西進。」竇泰是高歡底下的一名大將，目前正在小關。

宇文泰又繼續說：「高歡自從起兵以來，竇泰經常當他的先鋒，手下的精兵常打勝仗，已經變得驕傲了，若是現在進行襲擊，一定能夠打敗他們，而打垮了竇泰，高歡地會不戰而逃。」

將領們卻說：「離我們最近的高歡不打他，反而跑去打遠方的竇泰，假如失誤，就後悔莫及了！不如分兵抵禦他們。」

宇文泰說：「高歡在第二次攻打潼關時，我們的軍隊始終沒有離開灞上，現在敵人大舉進攻，他認為我們肯定會加強防守，這便會產生輕視我們的想法，藉這個機會襲擊他們還怕不能取勝嗎？高歡雖然搭起浮橋，但目前還不能渡河，用不了幾天，我一定能捉住竇泰！」

經過一番爭論，各位將領的意見仍不能統一。有人覺得宇文泰很有遠見，有人覺得他看不到眼前的危機，雙方爭執不下。宇文泰只是笑笑，在他心中早已有了想法。

將領們繼續爭執，宇文泰則要他們先安靜下來，然後問他的侄子宇文深，針對這一事，有什麼想法？

宇文深想了一會，便說：「竇泰是高歡手下的一員猛將，如今我們大軍若是攻打蒲板，高歡受敵，堅守不出，竇泰便會前來救援，那麼我們就會出現內外受敵的局面。我的想法是不如選出一支精銳部隊，先偷偷地從小關出擊。竇泰的性格急躁，必來同我們決戰，而高歡老成持重，不會立即進行救援，這樣我們迅速攻擊竇泰，就能捉住他。捉住了竇泰，高歡的進攻自然就會被阻止，我們回軍再襲擊高歡，便可取得決定性的勝利。」

宇文泰聽了之後，笑著說：「我也是這樣想的。」於是他就聲稱要保住隴右地區，悄悄地帶領部隊從東面出兵了。

兩日後，宇文泰到達了小關，竇泰聽說敵軍抵達，急忙從風陵渡過黃河。馬牧澤從宇文泰的軍中衝出，把竇泰打得大敗，手下的士兵也盡被消滅，最後竇泰自殺，宇文泰叫人把他的頭顱送到了長安。

至於高歡則因為黃河水面的冰太薄，無法渡河趕往救援，他知道計謀已經被識破了，只好拆除浮橋並且撤退。西魏丞相宇文泰大獲全勝之後，率領部隊返回長安了。

人們在考慮事情時，往往就眼前的狀況而亂了陣腳，像是一位母親，看到孩子發燒，就想讓孩子先退燒下來。事實上，發燒是身體疾病的警訊，也是身體的免疫系統正在和病毒交戰，光是退燒而沒找出病源，反覆發燒退燒，只會造成誤判病症。

我們在面對問題時，也是一樣，要先靜下心來，思考究竟是要解決手上「即時」的問題，還是就「根本」改善？眼前的問題或許會造成一些困擾，但就問題的主因連根拔起，才能徹底解決問題。

華佗有個小故事，有一次州官倪尋和李延都生病了，症狀一樣，華佗卻開給他們不同的藥，就是因為華佗不是頭痛醫頭、腳痛醫腳，他是看到生病的原因，才給予不同的治療方法。

我們在處理事情之時，目光也要放遠，不要被表象所迷惑，要看到問題的真正本質，才可以徹底解決一切喔！

第六則

先聲奪人

如果局勢不利於我們，就要創造出有利於自己的環境，讓所有事情都在自己的掌控之中。

隋煬帝當政的時候，天下已經呈現敗跡，後來隋煬帝被殺，天下更加混亂，各地的英雄豪傑，還有盜賊流寇都一起冒出頭來，他們各據一地自封為王，並且互相攻伐，每個人都想擴大自己的勢力範圍，鞏固權力。

李密本來跟隨楊玄感舉兵反叛，結果楊玄感失敗被殺，李密逃到山東，又聚集一些人起兵，自立為魏王。當他擊破隋軍宇文化及之後，聲威大振，大家都來投靠他。

人一多，就出現問題，凡是人就要吃飯，但糧食不足成了李密最大的困擾，軍士不是離開，就是跟他抱怨，搞得李密心煩意亂。他心想：「現在這種狀況，如果我一口氣攻下洛陽，不但能解決糧食問題，還能振奮士氣，恢復我的聲威，一舉兩得。」

李密這麼想，但當時駐守洛陽的僕射王世充，也不是省油的燈。他知道李密正缺乏糧食，軍勢銳減，想乘機迎擊，但是大多數官吏都被李密壯大的聲勢給鎮住了，不想與之為敵。

王世充深怕大家不能同心協力，他思索許久終於想出一個方法，他暗中唆使左軍衛士張永能，到處說周公跟他托了三次夢，要他向大眾傳達意旨——令王世充出兵擊賊。結果大家信以為真，立即為周公立廟，王世充便率軍出兵征討李密。

王世充每次出兵之前，還會先到廟中祈禱，王世充更進一步與廟裡的人串通好，散布這場戰役是周公授意。有了上天的旨意、神明的加持，軍民士氣逐漸大振，大家對周公的話深信不疑，無不奮臂請戰，軍勢壯盛。

到了第二天，王世充帶兵攻討李密，李密出來應戰。李密的軍隊尚未散開，王世充的兵將已衝殺過來，雙方一下子混戰在一起。

王世充早就想好計謀，他事先找了一個長得和李密非常像的人，把他綁起來，當兩軍打仗，狀況最激烈時，就把這個人綁在馬背上，拖出來大喊：「李密捉到了！李密捉到了！」李密的軍隊哪曉得是真是假？他們見假的李密在王世充手中，已經手腳發軟、士氣大潰，而隋軍趁這時候，一鼓作氣，打敗李密的軍隊，李密也落荒而逃了。王世充以自己的智謀大獲全勝。

王世充稱得上是老謀深算的人，將起事的理由歸於「周公托夢」，再步步設營，每一步都按照既定目標進行，李密難擋其氣勢，被打敗也就在所難免。

人往往容易被突如其來的挫折與難關所打擊，總覺得大難「即將」臨頭，自己會被這些突發事件所打敗，而感到焦慮。事實上，問題都還沒真正來到眼前，何必自己嚇自己呢？

最大的敵人，往往是自己。

真正能夠成大事的人，他會主動爭取，為自己創造良好的環境。既然環境不適合我們，那就由我們改變環境吧！發揮我們的才智，善用身邊的資源，一點一滴，將局勢扭轉過來，創造局面。

人不可能無緣無故成功，一個看清情勢、創造機會的人，成功機會自然比常人多得多。

第七則

有膽識的人就是強者

面對比自己強大的敵人，不能犧牲自己的原則，又要做到不卑不亢，除了智慧，還要有膽識，方能維護自己的立場。

曹丕自從成了魏王之後，便想耍耍派頭，大顯威風。他派出使者，出使江東，以自己頒布的諭詔，宣封孫權為吳王，孫權雖感不快，但還不能和曹丕撕破臉，只能接受。

照例，只要接到加封的諭詔，應當派人謝恩。但要派誰去呢？這個人要有藺相如的膽識，又要有晏嬰般的才智，出使他國，才不會讓江東失去面子，孫權想了又想，就派了趙咨去。

趙咨領令，前來覲見魏王曹丕，曹丕想要挫挫江東的氣焰，便故意問道：「吳王是位什麼樣的君主呢？」趙咨昂然回答：「我主吳王秉承父兄大業，鎮守江東，是大智大勇仁義雄略之主。」

曹丕一聽，非常不以為然，還裝出一副非常感興趣的樣子問道：「這話怎麼說？」

趙咨不疾不徐，緩緩的道：「魯肅原本只是江東的商人，出身於平民之家，今吳王看重他的人品、才智，讓他掌握軍政大權，這不是知人善任嗎？呂蒙出身貧困，少年時又不認識字，但治軍有方，所以吳王仍然拜他為上將軍，這不是任人唯賢嗎？

作戰的時候，吳王俘虜了魏將而不殺害，這不是仁義嗎？攻下了荊州，卻命令兵士不許傷害百姓，這不是明智嗎？憑此幾點，難道不是作為王侯的雄才大略嗎？」趙咨的話，不亢不卑，說得頭頭是道，有條有理，曹丕竟無話可駁。

過了一會兒，曹丕又問：「那麼吳王有學問嗎？」趙咨說：「吳王選賢任能，胸有文采，廣讀書經，專心研究興邦濟國大計，乃一代文韜武略君主，決非紙上談兵之人。」

曹丕不肯死心，又問：「吳王這麼會任用賢人，是想對外出戰嗎？」趙咨則回答：「大國有征伐的雄兵，小國也有防禦良策。」

曹丕突然冷笑一聲，問道：「趙先生，那你倒是說說看，吳國到底怕不怕魏國？」趙咨答道：「我東吳有雄兵百萬，亦有長江作為屏障，還有豐富的糧米，又有什麼好懼怕的呢？」

每次問話，趙咨應對進退都十分得宜，攻防有守，不讓人吃虧，也不會得罪他人。

曹丕又再問：「趙先生真是有文采，像趙先生這樣的人才，吳王府上有多少呢？」趙咨不慌不忙答道：「吳中人才濟濟，多名士，多才子，多將領。像我這樣平凡的人，不過一般。」

曹丕點頭不語，心中卻是暗暗佩服吳王派了一位有膽有識的外交使者。趙咨在敵人面前不但不卑不亢，又施展自己善辯的才能，維護了吳國的尊嚴，不辱使命。

趙咨也好，藺相如、晏嬰也罷！面對他國君王，依舊無所畏懼，用他們的智慧、風采，不僅守護了本國的尊嚴，還讓後世的人見到他們應對的風範，足為典範。

我們面對比我們更強大的敵人，總是會心生恐懼。被恐懼罩住的我們，就算再有才智，也難以發揮；想要堅守立場，也不得不動搖，這也是一般人無法突破的原因。

智慧不只是知識的累積，更蘊涵了無數人生的經驗；而原則則是在江湖上行走，待人處事的準則。一個人如果沒有膽識，面對強敵，是很難發揮智慧的，一遇到事情，就亂了陣腳，哪還能有所作為，堅守自己的立場呢？

膽識是建立在謀略、智慧之上，搞不清楚狀況就和對方爭起來，只能說是膽子大，並沒有什麼大作為。膽識還納含了待人處事、合宜的應對進退以及對事物的精闢見解，是有強大的智慧作後盾的。

有膽識的人，方能在這動亂的社會中，不輕易被其他人所影響，他們不卑不亢，保持平常心。沒有什麼強、弱之分，因為他們就是強者。

走出國度，多看看這個世界吧！不要以管窺天，如此，不論你到何種地方？面對什麼樣的人都會有智慧去應對而不會感到害怕。

第八則

知己知彼，百戰百勝

有智慧的人懂得分析，除了要了解對方的情況，也要明白自己的能耐，再將損失降到最低，並獲得成功。

明朝末年，關外的女真族強盛了。女真的首領努爾哈赤建立後金，他率領了八旗兵隊，向明軍發動攻勢，特別是薩爾滸一戰，後金軍大獲全勝。

明軍的敗績傳到京師，朝野為之震動，各級的官員趕緊收拾細軟，準備逃往南方；老百姓惶惶不安，每天睜開眼，都不知道女真人是不是已經站在床前？京城的大門更是未達落日之時，就已經關閉。各級官吏在這時候，只知道互相埋怨和推卸責任，卻沒有人提出有力的對策，扭轉局勢。

而在這個時候，努爾哈赤卻在厲兵秣馬，積蓄力量，準備乘勝攻取開原。

開原是一座古城，不僅是關外經濟交流的中心，同時也是一座軍事重鎮，是明朝阻止後金南進的重要堡壘，易守難攻。努爾哈赤首要目標就是攻下開原。

努爾哈赤會成為女真的首領，不是沒有道理的。他先用計，派遣間諜潛入城中，對明軍的佈防探聽得一清二楚，甚至對於軍隊內部的將官是智是庸，士兵勇怯，甚至連糧草等情況都瞭若指掌。

知道明軍的狀況，努爾哈赤便擬定了作戰計畫。有一天，努爾哈赤趁著明軍在牧馬的時候，突然指揮軍隊準備攻城。

攻城時，努爾哈赤又兵分兩路，派了幾支部隊直奔瀋陽，沿途虛張聲勢，而主力部隊則直奔開原。

明朝守軍的士兵，本來就沒有什麼糧餉了，再則馬匹吃不飽的情況也已經很久了，既沒人力，也沒馬力，軍隊形同虛設一擊就垮。而開原的總兵馬林，更是因為早先和蒙古兵已訂有盟約，就是後金如果進攻開原，蒙古軍隊就會答應出兵支援，所以疏於戒備，馬林因而鬆懈了下來，所以當八旗軍打到城下，明軍連準備都來不及。

只見八旗軍佈好戰車、豎起雲梯，從南、北、西三面，奮勇攻城，進城之後，沿途衝殺，殺得守兵紛紛潰逃。

同時八旗軍又將重兵集中進攻東門，再加上後金早派了奸細混進城內，開門內應，所以八旗軍順利奪門而入。就算開原守將鄭之範登城防禦，並向四門增兵。無奈後金軍有備而來，對明軍瞭若指掌，不久開原就被八旗軍占領了。

努爾哈赤在這次戰鬥中，先派間諜探明情況，掌握了對方的軍情，然後出其不意，裡應外合，沒費多少力氣就占領了開原，為進一步南進創造了條件。

成功的人不會毫無準備就成功，他們在面對困難和挑戰，總是會經過全盤了解、評估，才會下手。

現在是什麼局面？對我有利、還是有弊？我如果在這時候出擊，會有沒有勝算？我如果放棄會不會有什麼損失？做了決定，對我最大的影響是什麼？除了我，還有沒有其他對手在覬覦這一塊？我又能不能面對勝利或失敗？要怎麼預防？面對的問題，不勝枚舉，把它們羅列下來，再找出對應的方法。看似繁複，但也唯有如此嚴謹，才能立於不敗之地。

對人事物的全盤了解掌握，更有利於我們走向勝利，成功的因素有很多，但如果少了這一塊，縱使成功唾手可得，也很容易失手。功虧一匱、百密一疏，都不是你我樂見。

因此，在做任何決定之前，我們都要先評估他方的狀況，更不要忘了自己的能耐，才不至於被突如其來的意外擊倒而一敗塗地。

第九則

主動開拓先機

與其被動等待機會降臨，喪失進取的意志，聰明人反而懂得給自己創造機會，開拓先機。

王羲之是晉朝的大書法家，他的草書遠近聞名，一字千金。當時的人為了能求到他的墨寶，不惜重金，的甚至偷竊。

有一年臨近春節，王羲之寫了一幅春聯，貼在門上，結果不見了！他又接著寫了幾幅都被偷走。眼看除夕夜了，王羲之賭氣寫了一副「福無雙至、禍不單行」的對聯貼在門上。到了年初一，這副對聯果然沒有被偷。於是王羲之又續上了下半句的春聯，合起來是「福無雙至昨夜至，禍不單行今日行」，大家齊聲稱讚王羲之才思敏捷。

不久，王羲之官拜右將軍。這年，琅琊郡一帶大旱，土地龜裂，莊稼歉收，窮人到處逃荒，貪官汙吏卻見死不救。王羲之憤然寫了奏章，騎上快馬，進京見皇帝。

到了金殿，王羲之獻上奏章，又為皇帝奮筆疾書。只見他筆走龍蛇，飄逸瀟灑，寫到「放糧」二字時，更是行雲流水，有如蒼龍躍天，像是要從紙上躍出！

皇帝邊看邊點頭，大為讚揚：「放糧寫得好！真好！」話音剛落，王羲之立刻擱筆，叩頭謝恩：「吾皇萬歲，臣今領旨去琅琊放糧。」

皇帝這時才發現自己一時激動，竟然失言，但皇上說的話就是聖旨，金口玉言，潑水難收，只好答應，並封王羲之為放糧的欽差。

王羲之當天就打著「奉旨放糧」的大旗，急匆匆回到琅琊放糧賑災，災民們感激不盡，紛紛頌揚王羲之不僅是大書法家，又是為民請命的清官。

王羲之巧妙運用皇上的心理，知道他喜愛書法，在字體上特別用心，果然皇上見了他的字，一時激動，脫口而出，也拯救了百姓蒼生。

王羲之利用機會，將原本可能花費許久的事，在短短時間內就迅速解決，懂得為自己創作機會，更是難能可貴。一般人在遇到問題時，無所適從，這時不如靜下心來，利用自己的才智去塑造機會。

「成功，是給準備好的人。」不僅僅是過去的準備，在整個局勢的推動上，「積極」也是成功的要素之一。成功的人不會是被動的，消極的人只會等候成功從天上掉下來，然而，天上落下的除了雨水，就是鳥糞，這一類的人，幾乎都沒什麼大作為。「守株待兔」不過一時僥倖，終究不是正道，做事不能只靠運氣。積極的人會比其他人更快一步發現希望，然後拓展機會，將成功到手。

第十則

從生活中汲取學問

淵博的知識，一方面來自前人的經驗累積，另一方面是對生活的敏銳觀察，兩者同等重要。

唐太宗李世民有個女兒，名叫文成公主。文成公主才貌雙全，名揚天下，慕名而來求婚的各國君主絡繹不絕。

唐太宗也很想為心愛的女兒招得一門好姻親，這樣不管是對女兒的終身，還是外交都有好處。只是該怎麼做才能為文成公主尋一門好親家呢？他思考好幾天，最後決定讓各國派來求婚的使臣們比賽，誰能解出他所提出的難題，就把文成公主許配給他們的主公。

唐太宗讓人把所有的使臣找過來，再另外派人牽出一百匹的小馬，以及一百匹母馬，要使臣指出哪匹小馬是哪匹母馬生的？

這時，印度、波斯等許多國家的使臣，都認為這個問題很容易解決，自然是白色的母馬生白色的小馬、黑色的母馬生出黑色的小馬、花色的母馬生花色的小馬。

結果自然大錯特錯，唐太宗搖了搖頭，這時，西藏王松贊干布所派來的使者祿東贊，不慌不忙地指揮人把母馬和小馬都分開，關在不同的馬廄，隔了一天，再把母馬一匹匹放出來。被分開的母馬，這時直撲小馬面前，而小馬見自己的媽媽來了，親熱地搖頭擺尾，撲上去吃奶。

就這樣，祿東贊把母馬一匹一匹地放出來找小馬，很快就把一百對母子馬區分出來了。

唐太宗覺得很滿意，但事情還沒有結束，他又出了一道難題，指著一根光滑如同長笛的檀木棍子，讓諸位使者分辨哪一頭是樹的根部，哪一頭是樹的尾部？諸位使者看著這根兩頭一樣粗細的棍子，不知如何分別？

祿東贊沉思了一下，馬上有方法！只見他用一根繩子，拴在木棍的中間，又把木棍放到水裡，這時候木棍就會因為重量的關係，一面下沉，一面往上翹。

祿東贊指著木棍向下沉的一頭說：「這一頭是根部。」又指著木棍向上浮的一頭說：「這一頭是樹梢。」太宗連連點頭，旁人也嘖嘖稱奇，各國使者更是佩服祿東贊的智慧！

太宗再出第三個難題，他命人拿出一顆圓潤光滑的玉石，它的形狀很像一顆大珠子，珠子中間則有一個九曲小孔，太宗要他們用紅絲絨線，把珠子穿起來。

只見使者們一個個你看我、我看你，紛紛搖頭，不敢接下這個任務。唐太宗則期待地看著祿東贊。

祿東贊不慌不忙，派人捉了一隻螞蟻，再用紅絲絨線把螞蟻拴住後，把螞蟻從珠子這端小孔內放進去，然後輕輕地向裡吹氣，推動螞蟻向前進。又把珠子另外一頭的孔眼放些蜜糖。

那隻螞蟻扭動著靈巧的身軀，努力向珠子裡爬去，唐太宗和眾使臣都緊張地盯著珠子，不一會兒，那隻螞蟻終於帶著紅絲絨線，從珠子另一端小孔爬出來了。

唐太宗見這三道難題全被祿東贊順利解開了，很高興地說：「一個使臣都這麼聰明能幹，你們的藏王松贊干布一定英明果斷。你回去之後，就讓你們大王來迎親吧！」從此，中國歷史上就有了文成公主嫁到西藏的一段佳話。

祿東贊十分具有智慧，但仔細觀察，他的智慧，無一不是從生活經驗累積出來的。世事洞明皆學問，萬物之間，無論形體或大或小都有他的道理。有些看起來平凡的生活經驗，卻為人解決了奧妙的問題。

唐太宗出的這些問題，打開書也找不到答案，這些都是從生活中領悟而來。有些人拿著書，覺得自己就是專業，但若車子拋錨了，最專業的還是修車廠的師傅或技工；跳電時，最專業的還是水電工。這些生活經驗的專家才是最可貴難得的，即使是大學教授，在這些領域面前，也要甘敗下風。

這不是叫你不要讀書，而是除了讀書之外，更不可忘了我們的實際生活經驗，親自去接觸感受，並在平時就要多觀察，從生活中累積智慧，才能拓展我們的格局。

第十一則

善於分析的能力

抓住事情的發展特點，便能成功預測事情發生的走向，即使遠在千里，也能一手掌握訊息變化。

明穆宗隆慶年間，貴州發生了大規模的械鬥。起因是彝族的土司安國亨受人挑撥而誤殺同宗族人安信，而安信的哥哥安智為了替弟弟報仇便起兵攻擊安國亨。雙方聚眾仇殺，死了很多人，這場仇殺長達十年。

當時的巡撫王諍想要派兵鎮壓，屢次都沒有成功，他便報告朝廷，說安國亨起兵叛亂，明穆宗派新任巡撫阮文忠前往解決。

阮文忠知道宰相高拱向來足智多謀，於是去貴州上任之前，先去拜見高拱，並跟他討教解決貴州亂事的方法。

高拱分析了事情經過，對阮文忠說：「現在貴州實際上只是當地人相互仇殺，跟朝廷沒什麼關係，還稱不上叛亂。只是王諍相信安智，導致安國亨心存疑慮，不服拘拿而已。這算什麼反叛？」

阮文忠向高拱請教：「那我應當怎麼處理這件事呢？」

「有些做官的人，地方出了事情，總是隱瞞不報；有些人則喜歡小題大做，把假的變成真的，將小事變成大亂子，這些都不是君子所為。你到了貴州，應當查清所有的情況，先為安國亨洗刷叛國的罪名，制止他們的仇殺，這樣他才會聽從審理，然後你再判他的罪，這才公平。」高拱回答。

阮文忠到了貴州，經過祕密訪查，事實果然盡如高拱所料，這場鬥爭不光是表面上安國亨殺了安信那麼單純。於是他做出幾項決定，像是先把挑撥是非的人找出來；再按照當地風俗，命令賠償安信等被殺的人命；再加重對安國亨的處罰，懲治他的罪行。

但是命令公布之後，安國亨看到安智仍然居住在省城，懷疑阮文忠做的這些決定，只是要設計他而已，仍然擁兵自固，拒絕赴審，同時又上書為自己辯駁，申訴冤情。

因為械鬥已久，起因又是安國亨殺了安信，各地反對安國亨的聲浪仍然不斷，阮文忠迫於輿論壓力，不得不奏請朝廷征剿安國亨。

高拱獲得消息，考慮到征剿並不是辦法，他雖然同意阮文忠派兵，但同時又派了吏部官員前往貴州審訊安國亨。

而安國亨聽到吏部官員要過來審訊他，反而開心說：「朝廷派人來審我，我就有機會辯明自己的冤情了。」於是他親赴省城，願意聽審。而阮文忠所做的決定，安國亨全部同意，並自願交出罰銀三萬五千兩，以補償自己違拗朝廷命令的罪行。

而弟弟被殺的安智，自然不滿，還在抗議，阮文忠則將在他身邊挑撥是非的小人抓起來加以制裁，安智終於知道自己雖然出兵有理，但也不完全站得住腳，終於乖乖認罪，阮文忠也將他革職了。

最後，朝廷沒有派兵就將一場可能因誤會引起的大動亂解決清楚了，而其中功不可沒的人，自然是高拱。

高拱憑藉自己的才智，準確分析事情的緣由，千里之外定決策，解決棘手的變亂，贏得人們的敬佩，同時也讓我們學習到他善於分析事物的能耐。

但凡有智慧的人，即使不在現場，也可以料出事情的走向，或阻止，或催動，正是因為他們明白事物的特點，便能利用這些，不費吹灰之力，就足以完成事情。

一個擁有千里之外就能進行決策的人，必定平時就觀察局勢，對各地時局非常了解。以前資訊的取得，不像現在這麼發達，現在只要動動手指，就可以從手機裡一覽天下事，同時進行分析，對於事件的因果關係及影響瞭然於心，就算沒有親臨現場，也比在現場卻莫不關心的人來得更清楚。

我們可以學習這些古人的智慧，學習他們從容的態度，更別忘學習他們的前瞻眼光及掌控的能力。

第六章

有想法才能有作為

第一則

思考不能單行道

單向思考如果行不通的話，不如運用逆向思考，換個角度有時會有意想不到的效果。

孫臏從魏國抵達了齊國，齊威王十分高興。他早就從元帥田忌那裡聽說，孫臏不僅精通兵法，還有智有謀是個難得的人才。齊威王還沒有親自領教過，但他很想找機會試一試。

有一天，齊威王由元帥田忌和幾個大臣陪同，與孫臏一塊來到一個山腳下。

突然，齊威王對周圍的人說：「你們當中，誰有辦法讓我走到這座小山頂上去？」由於這道考題出得未免太奇怪，大家端詳了一下小山，你看看我，我看看你，誰也想不出什麼好辦法。

過了一會兒，元帥田忌說：「現在正葉落草黃，在周圍點起一把大火，陛下就得往山上走。」

「這是用火攻。」齊威王說，「也是一個辦法，不過太笨了點。」

「再就是用水淹。」一個大臣這麼說。齊威王搖了搖頭，沒作聲。

「要引外國軍隊打進來，包圍這座山，不怕陛下不上去。」一個大臣心裡這樣想，不過沒敢說出口。大家想來想去，都說實在沒有什麼好辦法能讓陛下自己走上山。

這時，齊威王問孫臏：「你有什麼辦法能讓我走上山嗎？」

一直沒出聲的孫臏，露出十分為難的表情說：「陛下，我沒辦法讓你從山腳下走到山頂上去。可是，你要是在山頂上，我倒是有辦法讓你自己走下來。」

「真的？」

孫臏點了點頭，於是齊威王由元帥、大臣們簇擁著往山頂走去。齊威王到了山頂，孫臏則開口：「陛下，請饒恕我的冒昧，我已經讓您自己從山腳下走到山頂了。」

齊威王一愣，很快地反應過來，並且大笑，這時他更加佩服孫臏的智慧了。

許多人在遇到問題時，都在思考怎麼解決？動腦筋固然是好事，但也要有效果，一昧的循著舊法是無法應付這多變的世界。

我們遇到問題的時候，不如轉個彎，也許問題就迎刃而解。思考模式不能一成不變，否則只會讓自己陷入窠臼。像孫臏不過運用了一點智謀，便贏得了每個人的敬佩以及齊威王的賞識。

保持靈活的腦袋，不讓自己的思維陷入僵化，多看、多聽、多學習，便可以刺激不同的想法，我們在面對問題時，從不同的角度切入，相信必能獲得不同的收獲。

第二則

臨危不亂，急中生智

很多困難是無法預見的，靠的是隨機應變的能力。面對突如其來的麻煩，保持冷靜最重要。

西元一八六二年初冬，反清將領石達開率領太平軍隊與清軍展開一次激烈的戰鬥。清軍勢如破竹，攻勢兇猛，太平軍隊抵擋不住，節節敗退下來。在清軍的追擊下，石達開率領兵隊，來到了四川，又被清軍逼得跑向狹窄的斜坡，石達開看看四處已無退路，即使如此石達開還是決定在這斜坡與清軍進行一場殊死戰。

他見清軍在斜坡下，還有一段距離，便命令將士們撿拾路旁的石頭、木樁等，從高處往下砸！

太平軍全都不要命的反擊，因為他們知道如果落入清軍手中，只有死亡一途，為了活下去，他們奮力一博，將清軍一個個砸得血流滿面，非死即傷。

清軍部將見狀怒火中燒，很快地他們利用毛氈覆蓋著車輛，在拉兵車的馬尾巴上綁了鞭炮並且點燃！爆竹震天，戰馬受到驚嚇，飛也似地向前猛衝，以車馬為先鋒，清軍跟在後面，而太平軍被馬蹄、車輛踐踏和碾壓致死者難以估計。

太平軍仍頑強抵抗著，只是手邊可以利用的東西越來越少了，像是石頭、木樁已無處可尋，太平軍隊陷入了恐慌。

在這緊要關頭，石達開眼前一亮，他發現了一片片乾枯的茅草，像見了救星般，高喊：「趕快把茅草割下來，裝進空的糧車裡！」眾將士聽命行動，他們割的割、拔的拔，不一會兒幾十輛空糧車就裝了高高的茅草。

望著山牆一樣的車輛，石達開向天長歎道：「真是天助我也！」這時，石達開望見戰車再度上來，便命人焚燒那些裝著枯草的車。清軍的戰車追到時，那枯草已經蔓延燃燒起來了！霎時間，濃煙滾滾，火光衝天。清軍被嗆得大咳不止，眼睛根本睜不開。

石達開率兵來到另一塊有利的地勢，指揮部隊，展開絕地反攻，一邊奮力拚殺，一邊命令全軍高聲吶喊，以振軍威。這麼一來，清軍頓時亂了套，在黑煙瀰漫中，他們無法辨別出面貌。慌成一團的清兵竟自相殘殺起來！

直到煙霧漸漸散去，他們才弄清了真相，發現打的都是自己人，而石達開軍隊已不見蹤影了。

就這樣，石達開挽救了自己和軍隊，改變了戰場局勢，在自己處於不利之處仍及時給予清兵狠狠的打擊。

當局勢不利於自己時不要放棄，只要堅持救有希望，而這希望也是靠自己爭取而來。就像石達開雖然遭到清軍攻擊，仍以清明的眼光，為自己與軍隊謀得一線生機，急中生智，靠得也是冷靜一途。

唯有冷靜，才能在劣勢的時候，看清真正的局面，天無絕人之路，有時候這條路可能被慌亂蒙蔽，反而斷了生機。不要忘記，當問題越困難，越要冷靜，不讓我們的智慧被情緒所擾亂，必能突破難關。

第三則

擁有正確的智慧

投機取巧只不過是小聰明而已，非但不能處理好事情，有時還會適得其反。

宋朝的尚書李南公，在他還是長沙縣令時，曾經解決一樁難事。有一天，有兩個漢子前來告狀，而且還是互告。李南公見某甲高大壯碩；某乙卻瘦弱憔悴一派病態。

李南公問：「你們為何互告？」某甲說：「某乙把我打得遍體是傷，請老爺為我討個公道。」

某乙則氣憤地辯訴：「明明是他打我，你不信的話我有身上的傷為證。」兩人爭執不下，互相指責。

李南公喝道：「來人，將他倆衣服脫下，待本官驗傷定奪！」幾名衙役上前脫下兩人的衣服，見他們的胳臂、胸口等處又青又紫，傷痕累累，看來這一架打得還不輕。

李南公心中生疑，這兩人打架，從身形與體力上看來，甲強乙弱，而且體魄懸殊太大，吃虧的肯定是某乙。可為什麼某甲身上居然也會受此重傷呢？於是他問某乙：「你練過武功嗎？」某乙垂淚回答：「小人從未練過武功。倘若有功夫在身，今日豈會遭他如此欺凌？」

李南公忽然想起什麼，便上前捏捏他們的傷處，這一摸，便心底有數了。正色道：「某乙的傷是真傷，某甲的傷是假傷。」

某甲不服，經審訊終於發現真相。原來，某甲和某乙一向不和，為了洩憤，某甲預先採集了一些櫸柳的樹葉，再用樹葉的汁液，塗抹在自己的胸口以及手臂上，皮膚一下子就出現如同被毆打的傷痕。然後，他又把剝下的樹皮平放在皮膚上，用火熱熨便出現了棒傷的痕跡。

某甲以為他設計得天衣無縫，便計誘某乙出門，把他拉到偏僻的地方，再飽以一頓拳打腳踢，把某乙打得遍體鱗傷。

某乙不甘被打，就拉著他，鬧上公堂，某甲也不害怕，認為自己身上的假傷足以亂真，於是便出現這一幕鬧劇。

但李南公並沒有被某甲唬過，他把所有狀況都查清之後，李南公就命人將某甲打了一百大板，並要他給某乙二十兩銀子作為賠償。

案情清楚了，不過衙役們始終不懂李南公何以察覺某甲的傷勢有假？眾人都說看不出來。

李南公笑著說：「被毆打的傷痕，會因為血液的凝聚而變得堅硬，而偽造的傷痕卻是柔軟平坦，只要一摸便知。他妄想用櫸柳樹葉塗擦皮膚，又如何騙得了本官呢？」

智慧是拿來解決問題，不是製造問題的，聰明的人所展現的才智，是擁有理性的思維以及判斷力，使你在同樣出色的人當中有鶴立雞群之感。

擁有智慧的人，還要有一顆善良正義的心。聰明的人比比皆是，若再加上仁者之心，博愛世人，是為大眾謀福利，方能使社會邁向更好的地步。

至於把聰明才智，應用在做壞事、投機取巧上，這就辜負了上天賜予的腦袋，這種小聰明往往會給自己帶來麻煩。

好好運用我們的腦袋，將才智施展在正確的途徑，才不至於糟蹋你的聰明才智。

第四則

聽取多方的建議

一個思維縝密的人，必定對自己領域的事情一清二楚，分析透徹，只有把自己業務放在心上，才能獲得進步。

齊威王即位不久，即拜鄒忌為相。鄒忌也不負眾望，矢志改革，精心治國。齊威王更是秉公任賢，對各級政務都親自過問，對屬下以及各級官吏的政績認真考察，做到賢者任用，庸者辭退，惡者懲罰，決不姑息遷就。

有一次，鄒忌聽說即墨大夫受到詆毀，而東阿大夫受到讚譽。鄒忌便把這件事稟告了齊威王。

齊威王查問左右的人，聽他們的說法和鄒忌所反映的有沒有什麼不同？他又派人去進一步調查，想搞清楚事情的真相。

齊威王認為確定下屬的好壞，主要看下屬的政績如何，而不能聽信偏言。等到一切都調查清楚，齊威王便把即墨大夫以及東阿大夫召來朝廷，並召集群臣參加。

齊威王對即墨大夫說：「自從你當了即墨大夫之後，時間不長，詆毀你的言論便一個接一個，說你一無是處，還說不能再讓你繼續做大夫了。可是，我派人到了你那裡一看，你所管轄的地區，荒野得到開墾，人民生活富庶，官吏忠於職守，人人盡職盡責，地方得以安寧，人人安居樂業。但是你只知道埋頭治理政務，沒有時間來向我稟告，也沒買通我的左右，所以你得到的不是讚美而是誹謗。我認為你是一位忠於職守、治理有方、辦事賢明的地方官，對你出色的政績我將給予適當的表彰。」於是對即墨大夫封土地萬頃、金銀匹緞一車。

齊威王又把東阿大夫叫到跟前，嚴厲對他說：「自從你上任之後，我聽到的盡是你的好話，沒有說你不好的。可是，我派人到你管轄的地區察看，才發現你所治理的地方，仍然是荒蕪的田野，百姓吃不飽，冬天也沒有禦寒的衣物可穿，民不聊生。以前，趙國的軍隊開到你那裡，面臨他國的侵略，你不能有效抵抗，只會用金銀財寶收買我的左右，讓這些人為你說好話，來取得對你的好感。你為政不廉、治理無方，只會拉攏關係。現在，我要對你進行懲罰，以示公平。」語畢，喝令武士把東阿大夫和為他說好話的人一同拉出去斬了。

部屬們看到齊威王辦事秉公，處理事情果斷，任人唯賢唯能，並不受阿諛奉承，個個心悅誠服，人人竭盡全力為國家效勞，不敢有半點鬆懈，也不敢再欺上瞞下，使齊國逐步強大起來。

一個國君，如果不能正確處理國家事務，不能秉公辦事，聽信偏言，任人唯親，國家就會日益衰敗。反之，則日益強盛。

在現實生活中也一樣，一個人除了要聽取多方的建議，集思廣益，還要親自去了解，才能進步。在這個利益掛帥的社會，我們得要剝開層層迷障，才能知道誰是真正用心認真辦事的人，個人如此、國家如此、社會亦如此。

盡信不如無信，我們對於所聽到的，還要透過腦袋去判斷，要有第三方公正的人來評斷，才能知道事情的真相。

想要做大事的人，不能只憑一面所聽、所聞，最重要的是要有個公平的眼光去看待一切。

第五則

新思維帶來新局面

人的智慧決定人類的發展空間，一個獨創的想法，可能帶來難以估計的收益。

西元七五七年，時值冬天，太原的河東節度使李光弼派兵支援朔方，抵擋安祿山大軍。然而，他剛把軍隊派出去不久，史思明便率領十萬大軍圍困太原城，要李光弼投降。

史思明是安祿山底下的一員主將，他知道太原城內雖然沒有多少兵力，但城池固若金湯，易守難攻，何況天寒地凍，士兵若長期露宿於城外，對他們作戰也不利。於是史思明決定築一座土山，通過土山登上太原城。

李光弼見對方在離城不遠、弓箭手射程又達不到的距離建築土山，城池受到很大威脅。於是，他想了一條妙計，讓手下的人從城內挖了一條通往土山的祕密地道。

土山築成後，史思明在土山上飲酒作樂，觀看歌舞，命人向城上大喊大叫，讓李光弼也「觀賞」歌舞開眼界，故意示威。

這時，李光弼派來的人，不知道從哪裡冒出來？以敏捷的速度抓走好幾名正在載歌載舞的表演者，然後就不見了！

史思明大吃一驚，不敢再在土山上停留，急忙令眾人轉移到軍營內，召集部下商量對策。

而李光弼這頭還沒結束呢！他又藉著土山的地道挖下去，一直將地道挖到史思明的軍營內，又在地道內，用木柱支撐頂面，防止塌陷，然後設下活動機關以備應用。

待一切安排就緒，李光弼才派人去向史思明說：「太原城內現在糧草非常缺乏，很多士兵都生病了，城內實在支持不住，決定向你們投降。」史思明聽了大喜，他稱讚李光弼相當識時務，並答應投降過來後，會封官賞賜。

等到李光弼答應投降的那一天，城門大開，只見李光弼帶著人馬離開太原城。史思明便命將士將營門也大開，列陣以待，自己則端坐大營內，等著受降。

這時，李光弼一聲令下，命令將士們啟動地道內的機關，將支撐的木柱歪倒。剎時間，史思明軍營內地面塌陷，一下子陷進去千餘軍士。李光弼親自指揮軍隊殺進史思明軍營。

史思明被打了個措手不及，部將死傷慘重，他只得帶著被打敗的部下，從死傷兵士中衝出逃命去。

李光弼知道硬碰硬，他們絕對沒有勝算，於是利用巧妙的智慧，為自己製造良機，同時耐住性子和史思明周旋，最後終於獲得勝利。

人類的智慧是無窮的，只要願意動動腦，凡事都能將不可能化為可能。面對難題時，與其怨天尤人，不如好好想一想是不是過去的方法不適合這次的局勢呢？

每個時代都需要創意，想要改變現狀，就得靠靈活的腦袋，方能讓我們從循規蹈矩的舊有習慣中，開拓新氣象，平常多看書籍，多吸收新知識，方能為我們的腦袋注入新養分，也能為我們一陳不變的生活帶來嶄新的風貌。

第六則

穩定自己的情緒

人都有不同的情緒，但面對問題時，不能讓情緒左右我們，面對難題務必讓自己沉穩下來，才有清明的思緒解決難題。

西元七五六年，正是「安史之亂」的第二年。唐朝皇帝每日都在宮中享樂，根本沒把安祿山放在眼裡，只派常勝將軍哥舒翰率領二十萬大軍前去殺退安祿山。

哥舒翰是一員老將，身經百戰，鎮守潼關。他見安祿山猖狂不可一世，決定先防守壁壘，以消耗其兵力。

而安祿山和哥舒翰兵力差不多，但個個如狼似虎，殺氣騰騰，他們急於攻下兵家要塞潼關，好長驅直入殺進長安。

然而，哥舒翰堅不出戰，硬是要和安祿山消磨時間，這一點可急壞安祿山了。他深知這員老將不好對付，於是派了奸細，潛入長安城，到處散布謠言哥舒翰膽小怕死，不敢出戰，而安祿山如今只剩老弱殘兵，不堪一擊。

這個消息很快傳到唐明皇的耳中，他大為震怒，命楊國忠去察看軍情。楊國忠本來就是個大奸臣，他去了潼關一看，哥舒翰拒不出兵，而陣前又都是老弱殘兵。他急忙回朝，還添油加醋說了哥舒翰許多壞話。唐明皇馬上下令，命令哥舒翰即刻出兵殺退安祿山。

君命難違，這回哥舒翰只得親自披掛上陣。安祿山派崔乾佑帶老兵出戰，戰了幾十個回合，崔乾佑大敗，退回營地。哥舒翰帶兵追殺，不知不覺追兵進了山谷。

這時，安祿山埋伏的精兵殺出，哥舒翰等人無法撤退，只好迎戰。此刻山谷兩旁又滾下無數的擂木山石把唐軍砸傷。

哥舒翰下令突圍，但安祿山的軍隊前後夾擊，唐軍只能處於被挨打的狀態無法反擊。等到天黑，突然四邊火起，唐軍在山谷中自相踐踏，死傷不計其數。

此刻，安祿山親自率領大軍出擊，他兵分兩路，一路阻截唐軍，一路則奔到唐軍營寨廝殺。

唐軍營寨中主將不在，其他將士如何抵抗安祿山的虎狼大軍？剎時間，兵敗如山倒，唐軍紛紛丟盔棄甲，有的摔進黃河，有的摔死在山谷。山谷內被阻截的唐軍，最後只剩下數百人拚死血戰，寡不敵眾，最後全軍覆沒，哥舒翰也重傷被俘。

潼關一戰，使安祿山叛軍取得決定性的勝利。唐明皇倉皇出京，逃到蜀地避難。

安祿山軍力日盛，又善於做表面文章，連皇帝寵臣都聽信於他，唐明皇如果能明辨是非，遠離小人，穩下心來，又怎麼會使唐軍節節敗退呢？

而唐明皇最大的敗筆，便是他不夠沉穩，一聽人家說哥舒翰不肯出兵，立刻亂了陣腳，結果不只壞了哥舒翰的計畫，還連累到國家。

人有七情六慾，遇到事情會有各種不同感受在所難免，但即使心頭慌亂，腦袋仍要冷靜，慌亂不會有任何助益的，冷靜才能還你一個明晰的腦袋。遇到事情時，先沉穩下來，才有能耐思索解決的方法。

如果能夠提前布局，打通各路關卡，這樣會使計畫實施得更加順利。而情緒一亂，往往影響思考，於事無補，此刻最重要的是莫因情緒而隨之起舞。

方法，是由思考產生的，智慧於焉而出！試著壓抑胸中過度的情緒，讓清晰的思考帶領我們突破難關吧！

第七則

締結同盟，創造力量

在多方對立的勢力並存的情況下，就必須找到同盟，才不至於使自己陷入孤立無援之勢。

西元七五六年，安祿山反唐，大幅肆虐華北，顏真卿舉兵迎擊，他把義軍的隊伍集中起來，正準備訓練時，清河郡派了李萼前來借兵。李萼對顏真卿說：「如果您能夠把兵力借給清河郡，如此一來，平原、清河二郡，都將是您的心腹，周圍的州郡也都會聽您的指揮。」

顏真卿思索了一會兒，則說：「平原郡的士兵是最近才集結的，還沒經過訓練，恐怕不太適合。」

「清河郡派我來向您借兵，並不是因為兵力不足，而是想看一看您是否深明大義？是個有能之人？現在看您沒有借清河郡兵力的意思，我又怎麼敢隨隨便便說出下一步計畫呢？」李萼意味深長的說道。

顏真卿覺得李萼的來意並沒有那麼簡單，便打算將兵力借給他。但其他人都認為李萼過於年輕，再者將兵力借給清河郡，又會分散義軍的兵力，對自己沒有保障，顏真卿只好拒絕李蕚。

李蕚很有誠意，又寫了一封信給顏真卿，幫他分析：「現在清河郡已經脫離叛軍的控制，歸順朝廷，也願意奉獻糧食、布帛和武器來資助官軍，您不但拒絕接受，而且還心存懷疑。要明白清河郡不能孤立，必定要有所依靠，我回去若覆命說您不肯借兵，若是清河郡又投向叛軍，就會成為您西面的強敵，這對您沒有益處。您要不要再考慮呢？」

顏真卿覺得李蕚對大局很了解，說得也很有道理，便決定借他六千兵卒，並把他送到邊境，兩人握手而別。

臨行前，顏真卿又問：「我所答應借給你的兵力已經出發了，你可以告訴我你下一步的計畫嗎？」

李蕚笑著說：「聽說朝廷派了十萬大軍討伐叛軍，而叛軍占據險要之地，我們要讓他無法前進。現在要做的是先率兵攻打魏郡，抓住安祿山所任命的太守袁知泰，恢復原太守司馬垂的職位，讓他做主將，再分兵打開崞口，讓朝廷派來的十萬大軍出來，共同討伐汲郡、鄴郡以北，一直到幽陵我方未攻下的郡縣。而平原、清河二郡的兵力和其他的同盟郡兵，合起來也有十萬兵力，估計官軍向東討伐的軍隊不會少於二十萬，河南地區忠於朝廷的義兵不少於十萬。這時只要向南進逼孟津，然後分兵沿著黃河占領戰略要地，控制叛軍往北邊的退路。您只要上表朝廷請求東征的軍隊堅守不出戰，用不了一個月，叛軍必然會發生內亂而互相攻擊。」

顏真卿聽他分析得很有道理，便說：「好！」

後來，袁知泰被官軍打敗，逃往汲郡，官軍攻克魏郡，軍威大振，李萼的計謀功不可沒。

在整件事上，李萼雖處劣勢，但他善於分析雙方情勢，並且軟硬兼施，說服顏真卿與之聯合作戰，才能保全自己並且壯大勢力。

我們一般人也一樣，所謂孤掌難鳴，遇到事情，如果只有一個人是很難做出一番事業。工作上如此、創業亦是如此，同盟永遠比單打獨鬥來得有效率，當然要先找到志同道合之人。

志同道合之人不好找，除了要從他平常的行事作風、人品來看，更重要的是要有共同的目標理念，才能共同前進。「道不同不相為謀」，指的就是這一點。

善用同盟的力量，除了讓自己壯大起來，雙方也能夠互相幫助，對彼此都有利，這也證明團結力量大。

化劣勢為優勢

優勢或劣勢只是主觀性的比較，孰強孰弱不是絕對的重點，如何利用情勢才是關鍵。

西元九三八年，南漢王劉龑派他的兒子劉弘操為先鋒，率領三百戰船前去幫助交州守將皎公羨。原來，皎公羨暗殺了安南節度使楊廷光，篡奪了他的官職，引起了楊廷光舊屬的不滿，交州軍中摩擦不斷。後來，楊廷光的舊將吳權正式起兵攻打皎公羨，兩軍展開了激戰。由於皎公羨平時對士兵就十分刻薄，不堪壓迫的士兵，紛紛投降吳權。皎公羨只得用重金賄賂南漢王劉龑，請求他派兵搭救。

至於劉龑對交州早存有覬覦之心，只是苦於沒有藉口。現在有了這個機會豈肯放過，於是急急派劉弘操作為先鋒，名正言順向交州出兵，自己則統率大軍殿後。

崇文使蕭益知道之後，滿懷憂心，他向南漢王進諫：「王爺，我軍倉促行事是否有欠周全？海道非比陸路，路遙風險難料，而且吳權又素以狡詐聞名，我軍萬不可冒險輕敵。大軍出動，還是多用嚮導，然後進軍為上。」

「現在顧不得這些，不要多說了。」南漢王皺皺眉頭，心意已決，不讓蕭益說下去。

不久，劉弘操帶領先鋒船隊，趕到交州海灣入口處，遇到吳權軍隊的幾艘小船朝正前方駛過來向南漢軍挑戰。劉弘操命令各船全速前進。

而吳權軍隊的小船，見南漢軍的大批船隊開進交州，便調轉船頭逃跑。南漢軍緊緊追趕，企圖把它們一舉殲滅。

由於南漢軍對地形不熟，當他們深入交州海灣時，海水便開始落潮。只見吳權軍的小船輕巧，了解地形，他們划了幾下，便不見蹤跡了，而南漢軍的戰船行動不便，就在他們想調轉船頭時，突然船底觸及硬物，發出「嘎嘎」的聲響，全部動彈不得了。

南漢軍隊正在發急時，吳權軍又突然出現了！他們在這裡守候許久，就是等著南漢軍中計，來個甕中捉鱉。

一時間，喊殺聲四起，南漢的戰船在面對吳權軍的強大攻勢，加上船隻無法動彈，只能處於挨打的份，士兵多半落水淹死，而先鋒劉弘操也落入水中被打死了。

原來，吳權早就得知南漢軍要來進攻，便利用海水漲潮落潮的規律，在海灣設下了鐵尖木樁陣，再用小船引誘敵軍進入，一舉打敗了南漢軍。

如果以兵力來看，正面交戰的話，吳權不一定有打贏的機會，然而他卻巧妙的利用地理環境，設下陷阱，讓劉弘操吃了大敗仗。

由此可見，面對人們來不及準備的突發狀況，發揮主動性反而能爭取一個比較好的結果。所謂的優勢、劣勢，也沒有絕對，單看個人怎麼想而已。就像打牌，有人獲得一手好牌，也有人拿到爛牌，但這不代表絕對的輸贏，玩牌還包括了技巧、手法以及心理因素，就看怎麼運用罷了。

南漢軍以為靠著大批水軍，就可以攻破吳權軍，而吳權軍則利用對自己有利的水利位置，替自己爭取了勝利，面對比我們更強的人，只要善用智慧，自可求得一線生機。

機會，是給勇於爭取的人，即使客觀情況無法改變，仍能透過我們的努力，塑造有利於我們的情勢，到時再奮力一博，便可成功。

第九則

多多訓練大腦

「流水不腐，戶樞不蠹。」我們要多動腦筋，不僅可以學到更多知識，還能鍛鍊自己的想像思維。

明代的文學家、書畫家徐渭，字文長，山陰人，民間流傳著很多他的機智故事。即使是他小時候，也有不少令人喝采的小故事。

一天清早，不到十歲的徐文長準備去私塾讀書，當他走到村外，來到石橋，望見橋墩圍觀好多人，還聽得到在河道裡的爭吵聲，徐文長知道有熱鬧可看，便急步朝石橋奔去。

他擠進人群，站到橋墩邊，聽見吵罵聲：「前面的船快讓道，我們要趕路！」

「我過不了橋洞。」最前面的船主喊著。

「把稻草搬掉幾層嘛！」

「搬上河岸，過了橋又要搬上船，這樣要耽擱多少工夫啊！」裝稻草的船主不肯讓步。

「誰叫你裝這麼多？你曉得耽擱自己的工夫，就不怕耽擱旁人的工夫？」

徐文長這時候明白了，原來有艘小船過不了橋，擋到了河道。只見那擋道的小船船身滿載稻草，恰好高出橋洞約有半尺光景，絕對過不了橋。而後面大大小小的船隻，已經排了好長的隊伍，船老大們個個高聲叫罵，不絕於耳。

岸上的人見這樣下去總不是辦法，於是有幾個好心的青年自告奮勇地對稻草船的主人說：「你不要怕麻煩，我們都來幫你搬就是了。」船主也不好再硬撐，只得同意他們搬草。

當船主剛剛搬了兩綑稻草，準備甩給岸邊的青年時，徐文長大聲呼叫：「不用搬，不用搬，我有辦法！我看你這船身也高，只要往船艙裡舀水，船重了，吃水就深，稻草頂就會低於橋頂了嘛！」眾人異口同聲說：「好辦法，好辦法。」

稻草主人急忙照著徐文長的辦法去做，果然很快順利通過橋洞。阻礙消除了，後面一長串大小船隻，也迅速過了橋洞。鄰里們對徐文長的聰穎敏捷，又敬又佩，都想來摸摸他的頭，而徐文長則蹦蹦跳跳上學去了。

又有一天，徐文長的伯父把兩桶小木桶裝滿水，領著徐文長以及一群孩子走到一座又矮又小的竹橋邊，對大家說：「誰能把這兩桶水提過橋，我就送他一包禮物。」邊說還邊用眼睛望著徐文長。

徐文長心裡明白，伯父表面上說是考大家，其實是要考自己。因為竹橋橋身很軟，又有彈性，又貼近水面，人一走上去，橋身就會彎下去碰到水面。要是一手提一個水桶走過橋，水不潑翻才怪！好久好久，小朋友沒有一個吭聲的。

徐文長說：「那我來試試吧！」說著，他脫去鞋子，用兩根繩子繫著小桶，將小桶置入竹橋旁邊的水裡，便走上竹橋，拖著小桶毫不費力地過了橋。

小朋友們看到之後，齊聲喝彩，伯父也暗暗叫好，不過事情還沒結束呢！伯父又想出一個主意，說：「文長啊，我說話要算數，喏，這包禮物你來拿吧！」徐文長一看，只見伯父將那包禮物吊在一根長長的竹竿梢上，雖然覺得奇怪，不過還是笑嘻嘻地走上前去。

等徐文長走到伯父面前，伯父突然叫了一聲：「等一下！你想要拿禮物，必須遵守兩個條件：第一，不能把竹竿橫躺下來；第二，不能墊凳子站高去拿。」小朋友們頓時埋怨：「伯伯存心刁難人嘛！」

徐文長並沒有說話，只見那對烏溜溜的眼珠子轉了轉，不一會兒，露出燦爛的微笑：「我知道了，我一定會遵守伯父的條件。」說著，他就接過竹竿，舉著它走到一口水井旁邊，再把竹竿慢慢從井口放下去。

當竹竿梢放到和他齊身時，便伸手從竹竿梢上解下那包禮物，小朋友們和徐文長的伯父禁不住都高聲誇讚。

大腦是要動的，越去動它、刺激它，它才會越轉越快、越轉越順暢。有些人因為生活安逸，沒有危機意識，就不會去動大腦，那大腦就如一灘死水，無法快速而有效的運作。

多多訓練我們的大腦，它除了讓我們的判斷力、想像力、創造力與時俱進，面對大大小小的問題，都可以迎刃而解，而且多動腦，不只是為了解決問題，還可以預防老年痴呆症。

第十則

巧妙利用心理學

人的心理底線一旦崩潰，往往會不戰而縮。心理學也是我們在人際關係方面，不可不知的一環。

明代，為了加強軍備，朝廷命令各地的州縣要定期貢馬，為了國家，這個想法是不錯，但也造成地方上的一些困擾。

若是本來就產馬的州縣，供奉馬匹不是問題，但有些州縣不產馬，官吏又不能違背朝廷的命令，就要去外地購買。這種情形下，產生了一種現象，就是會有專門賣馬的馬販，每到上繳貢馬的期限之前，就會帶著馬匹到各州縣去販賣。

但歷年來的狀況，就是上頭對上繳貢馬的期限定得很緊，而這群馬販便藉機抬價敲詐。再者，朝廷還規定馬不能太矮小，那些為了巴結上司的州官、縣官，便千方百計求購高頭大馬，馬販抓住這一心理，拚命在馬的個頭上做文章，每高出一寸，往往要價就要多十到二十兩銀子。而這些購馬的銀兩，最終都轉嫁到老百姓的頭上，所以那些不產馬的州縣官對於貢馬一事叫苦連天，老百姓更是苦不堪言。

像是開州便不產馬，而州官陳霽岩是個愛民廉政的清官，對於貢馬一事早已不滿，但自己是個小小州官，哪有回天之力？所以他到任之後，只好在壓馬價、減輕百姓負擔上做文章。很快的，上繳貢馬的限期快到了。

不少馬販子已經趕著馬來到開州，等著像往年一樣，狠狠賺一筆。哪知陳霽岩下令，要購馬官不要急於購買，可把購馬官搞得一頭霧水，也不敢違令。

來到開州的馬販等了好幾天，距離上繳貢馬的期限只剩三天了，州衙還沒動靜，他們也急了，便透過內線去打聽，得到的消息是今年州官老爺要親自到市集去挑選馬匹，馬販子們一下子都雀躍起來！

過去，每當知州老爺親自挑選，必揀最大、最高的馬匹來買，看來，今年要賺大錢了。他們趕緊將馬梳洗乾淨，又餵他們最好的飼料，務必讓他們當天精神飽滿、毛色光亮，方能賣到最好的價錢。等到隔天就是繳貢馬的期限，陳霽岩帶著購馬的屬吏去了馬市，馬販聽到消息，也趕緊帶著馬匹來到市集，每個人都牽著最高的馬來炫耀。

陳霽岩一問價，又比去年高出不少。陳霽岩並沒說什麼，反而故意回頭對屬吏說：「我已稟報太僕寺卿，我們州的馬匹晚到三天，明天臨濮有馬市，不行就去那裡購買。」他的聲音很高，眾馬販子們一聽，一下子洩了氣。繳馬日期原是死的，越近馬價越高，但一過了限期，各州縣買完貢馬，馬價馬上就下跌一半還多。怎麼辦呢？

眾馬販子開始嘀咕，只有降價在這裡脫手，因為再去其他州縣，也趕不上賣高價的日子。於是他們派人去找陳霽岩通融，願降價出售。

哪知陳霽岩又指著那些高大的馬匹對屬吏說：「我已上奏太僕寺卿，開州的馬較矮小。像這些六尺以上的高馬，價錢如果太高了就不買，否則它們會顯得別的馬看上去更矮。」

馬販子一聽，像一下子掉到水井，渾身發涼，原本指望用高頭大馬來敲一筆的，哪知卻蝕了一把米。不賣吧！趕回去還得餵牠一年，更不合算。無奈之餘，只得再次把價格壓低，陳霽岩看看價錢合理了，才下令收馬。當日收齊，也沒誤了繳馬期限。

陳霽岩連發兩顆煙幕彈，就治住了那些哄抬馬價、牟取暴利的馬販子。不僅完成了朝廷交待的任務，也不讓貢馬這件事造成百姓的負擔。

陳霽岩便是巧妙的應用心理學，讓馬販以為可以獲得利益，卻反而偷雞不著蝕把米。

「攻心為上」在任何地方都一樣，不論是職場、商場，當為了達成目地，而巧妙的利用心理，來完成自己的目標，也是成功很重要的一環。這裡並不是說要陷害他人，只是透過運用人心來完成我們的目的，皆大歡喜。

比如說，一個好的業務人員，如果光對顧客說明自家產品的優點，不一定能夠引起他的購買慾，如果能夠從顧客的需求下手，像是對於想打掃又不想太辛苦的人，就可以推薦比較輕鬆又省力的打掃工具；想吃甜食又怕胖的人，就可以推薦他們吃低糖的料理。

人的心理很奧妙，而心理的變化又和周遭事物的變化有所影響，利用這一點，可以事半功倍，並達到目的。

第十一則

堅定自己的立場

當了解自己是為大局著想，而非一時衝動，堅持自己的信念就成了唯一的答案。

西元前一百五十四年，吳、楚等地的諸侯反叛朝廷。國情相當緊張，此刻，漢景帝劉啟的腦中閃過父親臨終前的囑咐：「我死後，如果國家有什麼緊急事故，你可派周亞夫統率漢軍，平定亂事。」漢景帝急忙把漢初名將周勃的兒子周亞夫，從中尉一下子晉升為太尉，掌握全國大軍。

周亞夫臨行前，漢景帝再三重託：「如今七國叛亂，情況緊急，國家安危全仰望將軍獨挽狂瀾！」

「臣必不辱使命。」周亞夫受命統領三十六位將軍及漢兵，浩浩蕩蕩向東進攻吳、楚等七國。

周亞夫風塵僕僕到達淮陽，察明形勢後，親自向漢景帝呈上一份緊急奏章：「吳、楚的軍隊輕裝簡從，行動極其神速，無法跟他們正面交戰。希望陛下行欲擒故縱之計，暫時放棄保衛梁地，讓叛軍占領，然後斷絕吳、楚的糧道，才能制服這股叛臣賊子。」漢景帝答應了這個要求。

周亞夫率兵，雲集滎陽。此刻，吳國叛軍正猛攻梁國。梁國屢屢向周亞夫求援，周亞夫置之不理，卻偏偏親率軍隊向東北駐紮於昌邑城，挖深城池，堅守不出。

梁孝王急了，天天派員向周亞夫請求。每次，周亞夫耐心聽完來人使命，便笑了幾聲，卻仍按兵不動。梁孝王惱了，直接上書漢景帝。他派人將一紙告急文書，星夜送到京城，漢景帝仔細攤開展讀：「陛下，梁國危在旦夕，周太尉拒不救援！」

漢景帝也有點著急：「周愛卿太過分了，怎能見死不救呢？得馬上派遣使者令太尉發兵救梁。」

京城使者到達滎陽軍營，宣讀完漢景帝詔書，周亞夫凜然一聲發話：「將在外，君命有所不受。若不能剷除叛賊，周某一人承擔罪責！」他仍固守壁壘，不出兵救梁，那宣讀詔書的使者只好乾瞪眼。

幾乎在同時，周亞夫已派遣精幹的輕騎兵，長驅直入，悄悄斷絕了吳、楚軍隊後面的糧道。吳國軍中被缺糧的陰影籠罩，只好強忍著不安，屢向漢軍挑戰，漢軍卻仍不為所動。

有一天晚上，漢朝軍隊內為了出不出兵的事吵鬧不停，直鬧到周亞夫帳下，但是，帳內鼾聲正濃，周亞夫並沒有起床。

他曠日持久，堅不應戰，把吳國軍隊拖累了，他們急著要尋找突破口。吳王劉濞調兵遣將，圍住了昌邑城。

一天，叛軍正在攻擊城的東南方。士兵連忙通知周亞夫，而聽完軍情彙報，周亞夫卻道：「劉濞，你如何瞞得了我？你佯攻東南，實則欲攻西北！分明在聲東擊西。」

於是，周亞夫調動漢營士兵，悄悄加強西北方的防備。不過片刻工夫，吳國精銳部隊果真猛攻西北方。

這時候，周亞夫的手下出現在城頭，不論是箭矢，還是石頭，都如雨而下，吳軍哪裡攻得進去？劉濞發現計謀被識破，氣得吹鬍子瞪眼，而手下將士饑餓難當，士氣一落千丈，大敗而走。

周亞夫哪會放過他，但見長劍一揮，一支早就準備好的精銳呼嘯而出，追擊吳兵。

劉濞見勢不妙，馬上拋棄大軍人馬，只率數千壯士倉皇逃竄。他們直逃到丹徒縣，建築工事，龜縮自保。一個多月後，吳王被越國人斬下了腦袋。吳國叛逆徹底煙消雲散。漢景帝不得不對周亞夫刮目相看，而朝廷文武百官更嘖嘖稱讚：「周太尉當初棄梁國，正是為了保漢，確實是神機妙算啊！」

周亞夫按兵不動，靜觀其變，使敵人的軍備逐漸耗竭，既有過人的智慧，又有超常人的忍耐力。歷經三個月大小戰事，吳、楚等七國叛亂終於平定。周亞夫不因為漢景帝的壓力，而改變自己的立場，這份堅持難能可貴。

許多時候，我們知道我們走在正確的道路上，卻往往有些聲音干擾著我們，或許那些人是好意，用他們的經驗想要我們照著他們的路走。

但是面對人生決定的，唯有自己。當你明白自己已經摒去一切雜質，釋去一切疑慮，知道自己的選擇能夠帶來美好的未來，或是為其他人帶來更大的福祉，就去做吧！堅持，是在分析所有的情勢之後，找出最適合自己的選擇，也就是擇善固執。冥頑不靈則是「明知山有虎，偏向虎山行。」

你可以向長者、智者，討教他們的智慧與經驗，至於不懂得大局，又沒什麼見識，卻又愛提供建議的人，就省省吧！他們只會亂了你的心。不以他人的意見為意見，不讓他人干涉立場，是需要勇氣的、膽識的。

以道德為準則、以信念做堅持，讓我們為對的事情發聲吧！

第七章

完善自己則人定勝天

第一則

斷捨離的勇氣

有放棄的勇氣，就要有開始改變的決心，重新創造新生活。

姚啟聖，字熙止，浙江會稽人。康熙二年考中鄉試，當上廣東香山縣的知縣。而從明末以來，香山縣盜匪和天災並行，因為人民繳不出賦稅，而造成知縣被捕入獄高達七人。姚啟聖上任後，哀歎說：「明年再加我一個，被捕入獄的香山知縣就是八個人啦！」

有了心理準備之後，姚啟聖便辦了一桌酒席，把七名被捕的知縣從獄中請了出來，一起痛飲，再給他們辦理行裝，送回原籍，並向總督報告七名知縣應追回拖欠官府的十七萬稅金，已在某月某日全部收回入庫。

總督聽了之後，大吃一驚，還以為姚啟聖是個巨富替七名知縣償還欠款，豈知他根本是個貧寒之士，哪有能力替那些人償還稅金呢？

不久，吳三桂等人發動「三藩之亂」，皇帝令康親王南征，姚啟聖認為自己的好運來了，便對好友吳興祚說：「我闖了大禍，必須幫助康親王立下奇功，否則不能避禍，而要想說服親王，非你去不可。」

吳興祚答應他的請求，姚啟聖遂準備五千銀元，以便買通看門的小廝；又打聽到親王喜歡彈丸，特意製造十萬粒讓吳興祚送去。

吳興祚相貌英俊，能言善辯，又熟悉福建的山川地理及兵馬之術，康親王同他談得十分投機。吳興祚乘機推薦姚啟聖，親王立即應允，行文給兩廣總督和廣東巡撫，調姚啟聖為參謀。

這時總督才驚覺上了姚啟聖的當，但迫於康親王的命令，不得已只好讓姚啟聖離職而去，至於所虧欠的稅金，只好另外叫商人補繳。

姚啟聖放棄了自己的職位，去謀求更有前途的發展和機會，這需要壯士斷腕的決心與氣魄。

許多人在面對眼前的困境，不知道該怎麼處理，於是乾脆置之不理，這是一種消極的行為。放棄不代表真正的結束，而是從另一個地方東山再起。

像是有些人不受公司重用，但又不知道該怎麼辦？於是就過一天算一天。這時候會有兩種狀況：一種是繼續待著，每個月可以領固定的薪水，日子得過且過。一種是捨棄原有的利益，跑去創業，而帶來更大的自由與收益。前者在舒適圈繼續窩著，後者過得多采多姿。

「放棄」也有風險，因為你不知道放棄之後，會遇到什麼樣的處境？可能更好、可能更壞，而原有的利益也會大幅減少。唯一可以肯定的是「放棄」之後，就是嶄新的「開始」，而這個「開始」就要靠我們自己去開創、去努力。

有放棄的勇氣，就要有開始的決心，讓我們用正面樂觀的態度，一起迎接美好的未來吧！

第二則

處事圓融，大膽創新

解決問題的方法不是只有一種，朱清時：「遇到難題時，我總是力求尋找巧妙的思路，出奇制勝。」

清朝江寧縣有一戶陳姓人家，陳家的女兒許配給李家的兒子。然而，陳女的父親不但要求大聘、小聘，金額還很高，李家則因貧寒拿不出這重禮，致使這對青年男女遲遲不能完婚。

由於陳女長得很漂亮，當地有一個和尚，早就覬覦陳家的女兒，他設計讓陳女成了他的人，還收買一班幫兇，要陳女做他的情婦。在威逼利誘之下，陳女只好服從。

鄉中有些無賴知道後，便藉故去勒索。有一天晚上，這些無賴躲在陳家的門外，見和尚又來，就故意將他們捉起來，逼和尚給錢，和尚不給，就把這對男女押赴縣衙。

當時的縣太爺是袁子才，他見陳女面容哀戚，似有隱情，便故意將他們分別拘押，進行單獨審問。

陳女有機會一吐苦水，就向袁子才哭訴自己的遭遇，把她被逼的始末道出，末了又訴說她對未婚夫的眷戀之情。

袁子才也很同情她，只是這案子如果判為通姦，對陳女不公平，判和尚強姦罪名，又說不過去，畢竟他們同居了一個月。袁子才相當傷腦筋，後來，他心想既然陳女還眷戀著未婚夫，不如成全她的情緣吧！

於是，袁子才把和尚訓斥一頓，令他繳了銀子，隨後脫下他的和尚服，叫他滾蛋。

袁子才又叫來家裡一位女僕，吩咐她幾句話，叫她穿上和尚的服裝，並剃了頭髮，走進拘留所。

次日一早，袁子才升堂，把陳女提出來審問，陳女只是低頭哭泣，審問「和尚」時，「和尚」說跟陳女同居已有月餘。

袁子才怒道：「可惡禿奴！出家人竟霸占民女，真是有辱佛門淨地！來呀，重打四十板！」衙役們不容分說，上前就要修理，卻發現這「姦夫」竟然是個女的？一個個看傻了眼！

不知情的衙役立即稟道：「大老爺，此人是尼姑，不是和尚！」

袁子才忍住笑，他深吸口氣，指著那幫捉姦的無賴們喝斥：「你們竟敢捉個女姦夫戲弄本官！真是活得不耐煩了，來人呀！把這幫人給我亂棒打出。」

那幫無賴都不知道好端端的「和尚」怎麼會變成「尼姑」？還未回過神，就遭到棍棒的襲擊。一個個顧不得再說什麼，便抱頭鼠竄。

袁子才命人將李家的兒子找來談話，並試探他對陳女的感情，李某也聞知「尼姑」之事，因此原諒了未婚妻。

袁子才問：「假如有人幫你出彩禮，你會和陳女結婚嗎？」李某說：「會的。但這筆錢我日後定會還給他。」

袁子稱手道好，說：「聽了此言，便知你是個有志氣的正義青年！我可以幫你成就這一樁美事，這錢你也毋需還我，你有餘力時，就資助鄉里間貧苦的人吧！」

「多謝大老爺恩賜。」李家兒子朝他行了個大禮。

第二天，李某收到二百兩銀子，他即刻向陳家送了彩禮，這對有情人終於成了眷屬。

事情就這樣解決了，袁子才保住了姑娘的名聲，還為這對苦命鴛鴦解決婚嫁，如果袁子才按照條規來辦，那麼案子的結局就是一場悲劇，毀掉的是幾個人的幸福。

袁子才的方法，可謂標新立異，但卻讓事情有了最好的結果，我們在針對為難之事，不妨用不同的方式，只為讓事情圓滿達成。

做事情，要不拘一格，大膽創新，不斷突破各式各樣的陳規束縛，根據事情的發展及所處的環境來提出新辦法，用新思維開拓不同的結局。只有這樣，處理事情才能得心應手。

第三則

以不變應萬變

冷靜，不是沒有作為，而是為自己爭取時間及空間，端看事態的發展，進而為自己找出有利的機會。

西元前二百零三年，正是楚漢相爭最激烈的時候。有一次，項羽離開了成皋，率軍東進，被劉邦認為是攻城的大好時機。因此，劉邦親率數萬大軍，把成皋團圓包圍著。

鎮守成皋的是項羽手下大將曹咎，他堅守城池，拒不出戰。曹咎知道劉邦大軍遠路而來，已經人困馬乏又缺乏糧草，只要壁壘堅守，他日定會退去。所以，不管劉邦軍隊在城下擺陣，曹咎都置之不理。

劉邦知道如果再僵持下去，糧食將會殆盡，一旦項羽派救兵前來就很難取勝了，於是召集謀士商議。

有個謀士深知曹咎的性格暴躁剛烈，禁不得激將法，便獻上一計，每天派遣數百名軍士在城下辱罵曹咎，使曹咎喪失理智。

此計果然生效，一開始只有十幾名、數十名漢軍騎兵在城下走動來回大罵曹咎，罵的話非常難聽，讓曹咎怒氣沖沖。但他深記項羽臨走時的囑咐：「無論如何，不要出城與漢軍作戰，只要嚴守成皋城，拖住漢軍，就是建功。」所以曹咎強忍怒氣，不予理睬。

誰知漢軍更加猖狂，接下來的幾天，謾罵曹咎隊伍的士兵越來越多了，有的躺在城下叫罵，有的揚起白布招魂幡，上面寫著曹咎的名字破口大罵，連祖宗十八代都罵上了。

要不是項羽的命令，曹咎早就出城應戰，只是忍了下來，如今漢軍已經將他逼到極限，曹咎忍無可忍，終於提刀上馬，帶領兵士殺出城門！

漢兵見到曹咎出來，陷入大亂，紛紛逃離，曹咎則怒火萬丈，非要把漢軍殺敗不可。他帶著軍隊追殺！可是，當他率軍渡過汜水，軍隊剛過去一半，就被埋伏的漢軍攔截，前後夾擊，殺得曹咎潰不成軍。

曹咎這時候才知道項羽的命令是有用心的。他看看部下軍士們屍橫遍野，加上成皋城早已插上漢軍旌旗，曹咎又悔又恨，拔劍自殺。

當我們聽到別人說我們不好的話，要先知道他說的是事實，還是為了批評而謾罵？

就像當今的網路社會，往往一點不干他人的小事，也會被他人在網上罵得極為難聽，那些人你可能不認識，卻嚥不下這口氣，和他叫囂在網路上留下了不雅的字眼，就算一開始有理，到最後也變得站不住腳了。到時吃虧的反而是自己。

這一切，到底是怎麼來的？「忍一時風平浪靜、退一步海闊天空」，在現代的社會看起來似乎過於消極，但我們卻不妨暫時嚥下這口氣，事實上是為了明哲保身。因為如果衝動而行，後果，將要付出極大的代價。

曹砦便是沒有想到這一點，結果中了他人的激將法，竟然葬身脣舌之間？我們遇事必須先冷靜下來，端看事情的發展再作決策，而不是腦子一頭熱的陷入別人的詭計中。

第四則

不貪婪、不妄想

不屬於我們的財富不要去碰，不屬於我們的錢財不要妄想，就可以避開麻煩、遠離禍事。

秦國透過商鞅變法，國力富強，為了與六國爭雄，早有虎視中原、兼併各國諸侯之心。而在戰勝魏國，收取了河西大片土地之後，又加緊對蜀國的進攻。

蜀國是戰國時期偏遠的一個小國，兵力、財力遠遠不如秦國，但憑藉巴山蜀水的險要地勢，只要集中兵力便可以守住國門，便可「一夫當關，萬夫莫敵」。秦軍雖然兵強馬壯，但「蜀道難，難於上青天」，難以施展行軍威力。有時僥倖攻占一兩個城池，由於不熟悉道路，常常被蜀兵斷前絕後，最終走投無路，被甕中捉鱉而消滅。

稱雄一時的秦軍在蜀地屢攻屢敗，白白損兵折將，仍難通過秦嶺打開蜀國國門。秦惠王為此寢食不安，多次親自臨陣察看地形，多方打探蜀國虛實，後來總算有了計策。

有一天，秦國的大批軍隊突然撤走，消失得無影無蹤。蜀軍素知秦軍詭計多端，恐有偷襲，不敢怠慢，仍嚴守險關加強戒備。

半個月之後，秦國軍隊一直沒有動靜，似乎因徒勞無功而撤歸秦國了。就在這時候，蜀軍上下都在議論一件怪事：說是離蜀國關隘不遠的邊境，有一頭神牛會拉出黃金屎。事情越怪，傳得越快，很快就傳到蜀國國君的耳朵裡，他將信將疑，故派了一名心腹大臣前去察看真偽。

這位心腹來到邊境，果然見到神牛。其實那不過是一頭龐大的石牛屹立於路邊，一動也不會動。神奇的是它會拉出黃金屎。他往前一看，石牛屁股下果然有一堆碎黃金。

心腹大臣為了慎重，觀察了幾天，發現神牛每日都會便出一堆黃金屎。他把黃金收起來，送回宮中，將一切如實奏報國君。

蜀國國君正愁因為戰爭，國庫快要空虛，聽到天降神牛的喜訊，不由心花怒放，想要將它得到手。為防別國搶奪，他立即派出軍隊前往保護神牛，同時動用大量人力、物力，遇山開路，逢水架橋，修好一條由邊境直通國都的道路，打算把這個龐然大物運到宮中。

神牛一路定時便黃金屎，到了蜀宮也便了幾次，可是幾天後，就再也沒有黃金從牛的屁股裡落出來。

蜀國國君和眾臣困惑不解，繞著石牛轉來轉去，有時候去摸摸石牛的頭、拉拉牠的耳朵，甚至去拽牠的尾巴都沒有黃金的蹤影。蜀國國君弄不明白原因，叫來心腹大臣詢問，也沒有人知所以然。

正在這時，國都守將來報：「秦軍已經兵臨城下！」蜀國君臣如雷貫耳，宮中頓時亂成一團。

原來，秦惠王察看地形後，知道秦軍失利的原因，又獲悉蜀國國君求富心切，就安排能工巧匠，祕密鑿製了這頭龐大的石牛，放在蜀國邊境，暗中在石牛內設了機關，定時撒放碎黃金，然後派人四處傳揚牛會便黃金屎，騙蜀國國君上當。

於是，蜀國在前面開路運「牛」，秦軍則在後面尾隨，當神牛便盡碎黃金屎之時，秦軍也把蜀國的都城包圍了。

蜀王因貪圖神牛，花了大量的物資開山造路，喜滋滋迎來神牛，沒想到也引來秦軍，真是自掘死路。

現在詐騙集團橫行，有很多人被騙就是因為他們妄想不屬於自己的東西。這些人被騙取大量的金錢，竟可能只是為了比他們財富還少的金錢。妄想有機會可以得到意外之財，就是他們失去的開始。

財富人人都愛，但「君子愛財，取之有道」，我們可以透過我們的雙手，付出心血或勞力，賺取報酬，這些錢才是實實在在屬於我們的，而意外之財，來得快，去得也快。

收起貪婪的心，不去奢求不屬於自己的財富，就算無法大富大貴，至少能讓我們保有自己的錢財。

第五則

主動出擊，贏得生機

當問題出現時，與其依賴他人不如主動了解問題的癥結，再靠自己的力量去解決。

在福建有一座大山，名叫庸嶺，又高又陡峭，相當險峻。在庸嶺的西北方，有個巨大的山洞，住著一條七、八丈長的巨蛇。這條巨蛇吃了許多過往的行人，使得附近的百姓擔驚受怕，人人自危。

東治郡的負責官員想不出抓蛇的妙法，卻聽從巫師道士的建議，年年用牛羊去祭祀牠，仍然不能消災祛邪。

巫師們為了挽回自己的聲譽，乾脆造謠，說巨蛇給他們托夢，要將十二、三歲的童女奉獻給牠，才得以安寧。

東治郡的官吏居然深信不疑，並且照著辦。年下來已經祭獻九個無辜的女孩。可是巨蛇為害依然存在。

有一年，「祭日」快到。官府挨家挨戶找小女孩，可是家裡有女孩的百姓都把小女孩藏起來了，誰也不願將自己的孩子送給巨蛇吞食。

這時候，他們聽到李家有六個女兒便跑了過來。李家雖然沒有兒子，但對女孩們一樣疼愛，而李寄最小又很孝順，家裡的人都很寵愛她。而官兵來了之後，李家的人都想辦法不讓她被帶走。

孝順的李寄則對父母說：「我們這些丫頭非但不能供養父母，反而白白增加了家庭的負擔，您還是把我賣給官府吧，您可以得到一大筆賞錢，既可貼補家用，又少了我一份口糧。再說，我也不一定會給蛇吞吃。」

李寄的父母還是不肯放她走，尤其是李寄的母親淚流滿面，最後在差役的強行拉扯之下，李寄還是被帶走了。

李寄來到官府，她說：「要把我獻給巨蛇可以，但我需要一口鋒利的劍，和一隻厲害的獵狗，還要幾大擔拌上蜜糖的糯米糰子。」官府雖然不知道這女娃想要做什麼，但還是答應了。

到了祭蛇那天，李寄不用差役押送，反而要他們挑上準備好的糯米糰子，帶上寶劍和獵狗，昂頭挺胸地走向蛇洞。

到達洞口，李寄令差役將糯米糰子倒在地上，差役們生怕巨蛇出洞吃人，腳底抹油全都逃離了。沒過多久，巨蛇爬出洞口，李寄一看，這是一條罕見的大蛇，腦袋有圓頂的穀倉那麼大，眼睛活像兩面兩尺寬的眼鏡，一般人看了肯定嚇暈，而李寄只是緊握劍把，帶著獵狗躲在一旁。

巨蛇聞到地上食物的香氣，便大口大口地將糯米糰子吞下去，沒一會兒，便吃個精光。而巨蛇蜷縮著身子，在洞口酣然睡去。原來，李寄在團子裡拌了不少黃酒，這刻巨蛇顯然是醉了。

這時李寄對著獵狗，喝聲：「上！」獵狗飛撲上去，就朝蛇的頸子狠命撕咬，巨蛇被咬得痛醒過來正準備反擊，李寄早已舉著鋒利無比的寶劍衝上去，她用盡全力朝蛇頭劈斬。巨蛇吐出紅紅的長舌，在地上扭曲翻滾，想要攻擊李寄，而李寄的身子靈巧，幾次險被巨蛇咬到，都被她閃過了。如此幾次，巨蛇也累了，加上早已受傷，便全身一挺，死了。

李寄走進蛇洞，看見洞裡有九具女孩的頭骨，便全部捧出洞來，自言自語地說：「唉，你們既膽小怕事，又不肯動腦筋，白白丟掉性命，真可惜啊！」她挖了一個洞，把骨頭埋好之後，下山去了。

當地的人看到李寄，還以為是鬼魂都大叫起來！而李寄回到家後，家裡的人又驚又喜，摟著她不肯放開。

李寄回來的消息，傳到官員的耳中，他們急忙跑過來，想要將李寄帶走，待李寄跟他們說明巨蛇已死，還不肯相信，最後李寄領著眾人來到蛇洞，看到死亡的巨蛇，官員才信服。

李寄不因為既定的命運，勇於把握為自己創造生存的機會，同時也為當地除害。在條件不能改變的前提下，不妨從自身出發，積極思考解決問題的路徑，可能會別有洞天。李寄並沒有聽命於命運的安排，她以智慧戰勝強大的對手，保全了自己，也為民除害。人定勝天，有一定的道理在。

許多人遇到失敗時，就兩手一攤，認為此生就是這樣了，便什麼也不做，如此，勝利自然不會向你走來，擁抱的只有失敗。唯有握起機會的寶劍，並向前邁進，才有不同的局面。

主動出擊，為自己創造機會，成功的機率遠遠超過消極的失敗者，那些不肯為自己爭取的人，早已躺在砧板上任憑命運宰割。

第六則

保存實力，厚積而發

留得青山在，不怕沒柴燒。當處於不利的地位時，就要臨險設謀，突出重圍，以便尋找機會東山再起。

南宋抗金名將畢再遇，素來以智謀聞名。有一次，他率領軍隊與金兵對峙，雙方戰了很久都沒有結果。後來金兵援軍趕到，金軍的兵力比宋軍還大上十倍，硬碰硬絕對沒有勝算，若要退兵，強敵在前，撤退必受敵人追殺，後果同樣十分危險。要怎麼才能安全退開呢？

畢再遇苦思許久，終於想到利用「金蟬脫殼」一計。他吩咐手下找來幾隻活羊，將它們後腿吊起，前腿則放在更鼓上，士兵們都不曉得他在做什麼？只能聽令行事。

做好準備之後，畢再遇又要士兵把乾糧帶在身上，而營帳、旗幟，所有跟軍隊有關係的東西，一律不許動。

到了晚上，畢再遇傳了個命令下去，他要所有的馬匹，嘴巴上都咬著鐵鏈，士兵們也都不準講話，更不准點火，將他們集合起來之後，趁著夜幕低垂，悄悄向南撤退。

話說這個金兵主師早就恨透了畢再遇，老早就想捉住他，這次機會相當難得，絕對不可錯過。於是他傳令，派附近的兵馬都過來增援。但他也知道畢再遇智謀非凡，形勢如果對宋軍不利，他會謀路撤退。

於是，金兵主帥派出哨兵，要他仔細盯住宋營，一旦宋軍有撤退的跡象，馬上來報告，哨兵們接到命令，一個個都找好位置，向宋營瞭望。

只見今夜宋軍像往常一樣，入夜後，即滅燈入睡。旗幟依舊，並不時傳來「咚咚」的更鼓聲。

更鼓響了一夜，直至天明，遠遠望去，宋營的旗幟仍在，哨兵們也沒人前去報告。等到太陽出來，金兵主帥傳令手下全線攻擊，然而當他上了高坡向宋營瞭望，卻見宋營不見半個人影，而一些烏鴉落在營帳上，情況相當詭異。

金兵主帥發現不對，忙令哨兵們貼近觀察，才知道宋軍已悄然撤走，留下一座空營。原來，畢再遇退兵前，已讓手下人放開羊前腿。羊被吊疼了，便掙扎四蹄，前腿蹬得更鼓「咚咚」直響。蹬一陣子，羊累了，便停下來。過一會兒，羊有了力氣就又掙扎，更鼓就又響起來。遠遠聽了，活像人打更一般。

眼見煮熟的鴨子飛了，氣得金兵主帥吹鬍子瞪眼也已經沒輒了。

畢再遇利用金蟬脫殼的方法，巧妙撤退，不但保存了實力，也為將來做準備。如果冒然退兵，可能遭到敵人的追殺，很難東山再起，也沒辦法再有作為了。

想要完成夢想，就不要將自己燃燒殆盡，「大丈夫能屈能伸」、「識時務者為俊傑」，蹲下是為了更長遠的未來做準備。只要在退讓的時候，堅定自己的理想，並做好準備，就像越王勾踐為自己留下一線生機，然後蓄積自己的實力，最後終於打敗吳國。

為了長遠的目標，一時的隱忍又算什麼呢？讓我們如同那燒不盡的野草，等到春風來的時候，在大地上又是一片生機盎然。

第七則

往成功的路上前進

有破斧沉舟的決心，才有機會力挽狂瀾。

秦朝末年，項羽的起義軍節節勝利，聲勢也越來越大，但由章邯所率領的秦朝主力軍，實力還是很堅強。

而在定陶戰役中，項梁由於過於輕敵而兵敗身亡，義軍則由宋義領導。宋義膽小畏敵被項羽所殺。爾後，項羽便親自率軍渡過黃河，想要和秦兵決一死戰。

但自從定陶戰役失利以來，義軍的士氣一直很低落。章邯卻野心勃勃，想乘機滅掉義軍。

項羽召集手下謀士，要大家一起想辦法。眾人分析認為秦軍雖然人數眾多，但軍心渙散，戰鬥力不強，而義軍雖然在人數上比秦軍少，但軍心一致。兵法上說：「夫用兵之道，攻心為上，攻城為下；心戰為上，兵戰為下。」軍隊只有斷絕退路，才能齊心拚死殺敵，即所謂置之死地而後生。

於是，項羽使出大絕招。首先，他讓士兵把在岸邊的渡船鑿了洞口，讓那些渡船全都沉入河底，又規定每個士兵只能帶三天的乾糧，接著讓士兵把做飯的鍋全部砸碎，然後放火燒掉岸邊的營房。

這樣一來，前面是秦軍相逼，後面已無渡船，將士們明白此戰只有拚死才能殺出一條血路，大伙都摩拳擦掌，士氣被激發到了頂點，他們像亡命之徒一樣，大叫衝向秦軍的陣營。

秦軍見項羽的義軍前來，初時不以為意，在見到義軍的氣勢全都驚呆了！只見義軍個個都成了敢死隊，以一當十，發瘋似地衝殺，眼都殺紅了。

好一場惡戰，殺得血肉橫飛、天昏地暗，不只秦軍被打得一敗塗地，主將章邯也被迫投降。這場戰役奠定了項羽在各路反秦義軍中的領袖地位，也是成語「破釜沉舟」的來歷。

面對強大的敵軍相逼，項羽把生死置之度外，斷絕了一切退路，把士兵推上了死地，逼迫他們拚死血戰，終於取得勝利。

同時，我們也知道，當一個人什麼都沒有、沒得選擇時，就只能往前衝，只要這個人不放棄，那股決心就能夠改變一切。

第八則

大智若愚

許多人不肯示弱，總是逞強好面子，其實真正聰明的人，是大智若愚的。

三國後期，北方曹魏勢力漸漸強大，併吞天下之勢已成定局。但同時曹魏內部的司馬氏，它的勢力也強大，又形成取代曹氏之勢。

魏明帝曹叡死後，掌管大權的是大將軍曹爽。曹爽為了抑制司馬氏力量，拔掉太尉司馬懿的兵權，司馬氏不甘心到口的肥肉被奪走，密謀除掉曹爽，重掌軍權，以成大事。

但司馬懿知道，武裝起事引起內亂，只會讓吳蜀趁虛而入，鷸蚌相爭得利的是漁翁，想除去曹爽，只有智取才行。

司馬懿明白曹爽懼怕的是自己，防範的也是自己，那何不利用這一點，再乘其不備，趁機奪權呢？主意已定，司馬懿便稱病不上朝。每每朝廷派使者來問病，都裝出越來越嚴重的樣子。

曹爽聽了回報，心中大喜，心想司馬懿在朝中對自己威脅太大，但他是主上的老臣，又以足智多謀聞名，原先還怕鬥不過他，哪知老天助人，讓他衰老有疾，難問政事，看來司馬氏成不了氣候。但曹爽又一想，這司馬懿會不會是詐病來騙自己呢？於是他決定找機會再去試探一番。

不久，曹爽得到荊州，因為荊州是軍事重鎮，曹爽便派自己的心腹，也就是河南尹李勝前去任荊州牧。臨行前，授意他去向司馬懿辭行，以觀虛實。

李勝原是司馬懿的老部下，所以司馬懿同意讓李勝來臥室相見。李勝進來，就看到司馬懿讓侍女扶他起來，並用被子圍住，才勉強在床上坐住。

李勝說明來意，說自己馬上要去荊州而來向他辭行。司馬懿側耳聽了半天，說：「並州靠近胡人，你去後要小心。」李勝提高了聲音說：「我要去的是荊州。」司馬懿說：「雍州？雍州也很重要。」

李勝心想，看來這老傢伙真不行了。又見司馬懿要喝水，侍女端過碗來餵，水從這邊倒進嘴去，從那邊嘴角流出了一半，滴得滿被子都濕透。

李勝告辭出來，把這些事報告了曹爽。曹爽聽了司馬懿的狀況後，再也不把他放在眼裡，心想，緊張了這些日子，也該放鬆一下，於是就約了皇上外出狩獵。

司馬懿一聽曹爽和皇上出城狩獵去，知道良機到來，趕忙組織親兵發動政變。等曹爽與皇上回來，就在城外擒住了曹爽。

曹爽一見司馬懿精神抖擻地騎在馬上，知道被這老東西算計了，長歎一聲，任憑宰割。

司馬懿將曹爽安了個罪名，夷滅三族。這樣，曹氏的內部鬥爭，以司馬氏勝利而告終。司馬懿裝瘋賣傻，保存了自己，麻痹了敵人，最終借助有利時機，一舉取得勝利。

遇到敵手時，不用顯露你的聰慧才智、光芒畢露，縱使你可能比他聰明，但適時的裝傻，容易讓對方放下心防，進而達到你的目的。

就像有些女人，想要買貴重東西的時候，會先煮些丈夫愛吃的菜、說話輕聲細語，等到時機成熟，再提出自己想要的東西，這時候，丈夫已經被她的溫柔打動，心甘情願掏出錢。而一開始就露出自己的來意，讓對方有了警惕，就會抗拒，事情也就沒有那麼容易進行，所以適時的裝傻、示弱，會讓你的目的在不知不覺中達成。

「大智若愚」，一個有智慧的人，是不會管別人怎麼看待自己，他們只會看事情是不是照自己的心意在行走？再適時出來推一把。他們平常也許裝聾作啞，也許是默不吭聲，但也不要因為如此，就以為他們是弱者。

第九則

沉著方能自救

面對危險或突發事故的時候，一定要臨危不亂，才能把握時機給予反擊。

明朝有一戶官宦人家，家中有個五歲兒童，長得十分可愛，不但口齒清晰，又聰穎過人，來拜訪的客人也喜歡和他說上幾句話，可以說是人見人愛。

有一年元宵佳節，這名小娃想要出去看燈會，家人便吩咐一名老僕人，帶他出門，主僕兩人開開心心出門。

元宵燈會是歷年來的活動，非常熱鬧，走在街上，只見三步一小燈、五步一大燈，還有人手上拿著燈走動，這些燈造型不一，各異其趣，城裡城外的人都來欣賞，路上熙熙攘攘，老僕人為了讓小主可以欣賞到各式的燈，就將他背在身上，一老一小，看燈看得著迷而流連忘返。

老僕人看燈看得忘神，忽然覺得肩上一輕，身子也鬆了許多，他伸伸筋骨，突然發現不對勁，小主人呢？老僕人左右張望，都不見小主人的蹤影，他急得差點哭出來，連忙回去告訴主子。

再說那小主人原本看燈看得熱鬧，在老僕人身上東張西望，突然覺得被人抱起來，往另一個方向走。

「你走錯了啦！我要看那邊的……」忽然，小主人覺得不對勁，揹著他的這個人身子比老僕人健壯，腳步也輕快許多，他眼眸一轉，很快就知道自己正被人拐走，他也不哭鬧，靜靜的待在他的身上。

「這個人大概是要將我捉去賣，要不然就是看中我的帽子，我得將它收好才行。」小主人心想，便將帽子取下來，放在懷中。

那抱走小主人的，正是人口販子，他看這小娃穿著特別華麗，不論是身上穿的，還是頭上戴的，布料、縫線無一不精緻，加上那帽子上還有一顆寶石，身為行家的他，立刻知道那寶石價值不斐，遂溜了過來，將小主人抱走。

「哼！就算你把帽子藏起來，等把你賣掉之後，它也是我的。」人口販子心想。

小主人在人口販子的身上，不哭也不鬧，像是不知道他被拐這回事，毫無動靜，這讓人口販子更得意了，也放鬆警戒，他在人群之間走動，準備離開燈會。

這時，迎面過來一頂轎子，看來是個高官出巡，兩旁還有衙役，敲鑼打鼓，提醒人群讓道。這名人口販子見到官爺，就像老鼠見到貓，他的頭低低的，打算趕緊離開。

突然，一雙圓潤的小手，緊緊抓著轎簷，而小手的主人大喊：「救命啊！救命啊！我被綁架了！」

人口販子一聽，嚇了一跳！手一鬆，急忙跑走，而轎子裡的人，聽到這聲音，掀開簾子，看到一個可愛的娃兒掉在地上，他連忙叫人把他扶起來，心疼道：「怎麼了？發生什麼事？」

小主人站了起來，不慌不忙，朝著官員作了個揖，說：「啟稟大人，他已經逃走了。」

官員見他不像一般孩童，看到當官的就啼哭，遇事也不慌張，大為欣賞，就把他抱起來，問：「你是哪家的小孩呀？」

「就在東門外的張姓人家。」

官員一聽，這正是他要去拜訪的大戶人家，他又聽過這戶人家有個機靈的小娃兒，想來就是這個孩子了，於是便帶著他走。

而在張家，一家人聽到小主人不見全都慌了，老夫人差點暈過去，上上下下，亂成一團。有要去請大夫的，有要去找小主人的，好好的過年，全都變樣走調了。

這時候，官員抵達，全家見到小主人回來都喜上眉梢，樂不可支，老夫人緊緊將孫子摟在懷裡。而老僕人看到小主人回來，終於鬆了口氣，他不用以死謝罪了。

全家人在聽了官員的解說，知道小主人的經過，都不禁冷汗直流。而官員則惋惜道：「如果能夠將那個人口販子抓到就好了。」

「這有什麼困難？」小主人開口，眾人都望著他，他笑咪咪說道：「我已經在他的身上留下記號。」原來小主人頭上的那頂帽子，是他的母親縫製的，上面有一根為了避邪而縫在帽子裡的金針，小主人趁人口販子不注意的時候，偷偷將針穿在人口販子背後的衣領上。

官員聽了，立刻吩咐手下，前去尋找背後衣領有根針的人，加上小主人描述他所穿的顏色衣物，很快就找到人口販子。

人口販子被抓住的時候，還不肯認罪，直到差役將他背後的針取出來，他才知道原來自己想要拐人反而被人給拐了。

沉著與膽識，是我們遇到突發狀況時，最強大的定心丸。鎮靜，才能讓我們的腦筋發揮到最佳化。

就像故事中的小主人利用自己的智慧，不但自救，還打擊犯罪，抓到歹人，遏止了其他的犯罪。當然他也明白光憑自己的體型，絕對打不過人口販子，於是冷靜下來，解救了自己。

每個人都不希望遇到意外，我們行走江湖，遠離是非是保身之道，但即使再低調，也可能遭受池魚之殃，而面對突如其來的意外，該怎麼辦呢？

不要因為突來的意外，自亂陣腳。遇到事情切莫慌張，絕對是面臨任何困難，所必須要有的態度，如此，才能在別人幫助你之前，知道如何自救並且生存下去。

第十則

推敲事物的運作

善心被質疑、好意被扭曲，這些都令人痛苦，但請別忘記初衷，記取教訓，下次會做得更好。

清咸豐年間，太平天國英王陳玉成、胡以晃起義，他們的軍隊在安徽境地遭到曾國藩統領的湘軍圍剿。兩軍交戰，狀況非常激烈，卻又難分勝負，處於對峙狀態。

期間，有人向曾國藩密報，說有些士兵會去百姓家搶劫財物、調戲民女，心存不軌的劣跡累累，造成人心惶惶，敢怒不敢言。

曾國藩聽說之後，便到民間微服私訪，了解到許多良民對依仗權勢，欺壓他們的貪官污吏，非常痛恨，還有一些地主的強橫惡霸行為，更是怨氣沖天，即使如此，人們還是不敢向衙門檢舉控告。

曾國藩將了解的情況對下屬說了，有人建議在營署前面掛一個大箱子，然後張貼告示：凡是地方有人想控訴某人，可以用匿名信的形式，寫好控訴文書，投入箱內，定時派人從箱中取出文書，即行究辦。曾國藩覺得此法可行，便很快採納了。

文告貼出不久，果然很奏效，每天晚上開箱都取出許多信件。根據信中所檢舉之事，進行調查，果然查辦了不少人。而沒有被檢舉到的貪官污吏、惡霸聞聽之後，也將自己的行為收斂不少。

可是有許多不盡人意的地方，像是一些心術不正，或是與人存有私怨的人，就捏造事實，投書控告，一時投告之風四起，鬧得人心惶惶。甚至有些行得正、坐得端的官吏，因為秉公辦事，得罪了一些小人，這些奸小之徒，就藉機誣告陷害。

擔任主審判的官員，對這些無中生有的申訴，很難找到原告，以至於處理起來十分困難。於是，有一位官員向城中一位訟師求教，該怎樣解決此類問題？

這位老訟師德高望重，經驗非常豐富。他沉思一會兒說：「你放心，三天之內，此事就會銷聲匿跡。」這位官員聽後將信將疑，又不便多問，就謝過老訟師回去了。

老訟師說這話後的第二天，曾國藩突然下令，將營署外的大箱子全部撤掉！

原來，老訟師寫了十幾張匿名控訴文書，都是痛斥曾國藩本人的。曾國藩對此既不能置之不理，可又實在查不出是誰寫的。抓不到誣告人，只得夜夜反省自己，覺得自為官以來，總是竭盡職守、秉公辦事，竟然遭此嚴厲的指責！想到自己所管轄的官吏，也會無緣無故地被誣告，那麼，這文訴箱便與初衷相違了。

最後，曾國藩取消了先前的命令，撤掉了文訴箱，誣告的風氣也停了下來。

有時候我們的好意，可能與初衷相違，這讓我們困惑，難道自己做錯了嗎？

凡事都有一體兩面，當我們在做某些決策時，勢必影響到其他人，從中獲得好處的，便支持我們的決策；而被我們決策打擾到的人，則十分反彈。這時候，我們更應該審視自己在執行的層面，是不是有許多細節更應該注意？

比如說，有些百貨公司或店家辦活動，原本是希望大家能夠開開心心地參與活動，這立意是好的，倘若有人質疑黑箱作業，或是因流程出了狀況，而使美意便大打折扣。

當我們遇到這種狀況，就應該反省自己，事情還可以怎麼做，活動還可以怎麼麼進行？以達到盡善盡美。

對任何事務的推行、運作，都應該更加縝密仔細，在細節處更加注意，若遇到挫折，吸取教訓，下一次做得更好。如此，也不枉費我們當初的善意。

第八章

深謀遠慮，奠定勝局

第一則

最矮小的巨人

一個有才能的人，是不會在意外界的眼光的，他們態度從容，心胸開闊。

有一次，晏子奉命出使楚國，楚國的君臣知道晏子的身高不高，就想戲弄他以顯楚國的威風。他們叫士兵在大門旁邊開了一個小洞，在晏子抵達之後，要他從這個小洞進城。

晏子來了之後，楚國的士兵指著那個小洞要他進去，晏子看了看不生氣也不動怒，只是平靜地說：「這是狗洞，不是城門。出使狗國的人，才從狗洞進。今天我是出使楚國，不是出使狗國。請問我是來到狗國，還是來到楚國？」楚人無話可對，只好打開城門，迎接晏子進去。

晏子見到楚王，楚王看他矮小，有些瞧不起他，就笑嘻嘻地說：「怎麼了，齊國沒有人了嗎？」

晏子知道楚王是在諷刺他，就不動聲色地回答：「光是齊國首都臨淄就有七萬餘戶人家。街上的行人若全部張開衣袖，就可以遮天蔽日；若全部都甩一下汗水，就可以彙集成一場大雨，人們走在街上都還擠得肩膀挨著肩膀、腳尖碰著腳跟。齊國怎麼會沒有人呢？」

楚王有些不太高興，說：「既然有這麼多人，為什麼要派你這樣的人擔任使臣呢？」

晏子不慌不忙回答：「我們齊國派遣使臣有個規矩：要是對方是個上等國家，就派一個有本事、有德行的人去；要是對方是個下等國家，就派一個碌碌無能的人去。我是最沒出息的人，所以才派我到你們楚國來。」

楚王聽了很不悅，但又不好發怒，這時候兩個吏卒綁著一個犯人來到楚王面前。楚王又故意問：「這個犯人是哪國的人？犯了什麼罪？」吏卒回答：「這是齊國人，他犯了盜竊罪。」楚王看了看晏子笑嘻嘻問晏子：「齊國人都善於偷盜嗎？」

晏子知道這是楚王安排好，故意來為難他的，他離開座位，不慌不忙地回答：「我聽人說過，桔子生在江南一帶叫做桔，又大又甜；假使把它移到江北一帶，就變成枳了，又小又酸。它們的葉子很相似，果實的味道卻完全不同。為什麼會這樣呢？就因為兩個地方的水土不同啊！現在這個人在齊國生活的時候並不偷盜，來到楚國就偷盜，是不是楚國的水土使百姓善於偷盜啊？」

楚王聽了，臉羞得通紅，心想：「晏子真了不起啊！我想要耍他，沒想到，反被他給耍了。」他從此對晏子另眼相待了。

晏子運用自己的才智巧妙智答楚王，贏得齊國的尊嚴，因此再也沒有人看輕他了。

晏子雖然身形不高，但他的智慧如同巨人，尤其是他面對楚王不卑不亢的泱泱大度，令人欽佩。

有些人我們打從心底敬佩他，是因為他透露出來的氣質、風華與才幹讓人折服。

像美國明星彼特．丁拉基，雖然身高只有一百三十公分，但卻用自己的演技在俊男美女雲集的好萊塢裡，闖出自己的一片天。憑著演技，兩度奪下艾美獎。彼特．丁拉基靠得不是外貌，也不是金錢，他是憑自己的演技與才華，為自己獲得尊敬。

一個人最讓人懷念的，不是他生前有多少財富？而是他的氣度和風範。

第二則

不可全拋一片心

在與人交往時，一定要拿捏尺度，逢人且說三分話，不可全拋一片心。

西元前三百四十年，商鞅建議秦孝公：「魏國的龐涓兵敗身死，各國諸侯都已背棄他，我們可以乘機討伐魏國。」秦孝公野心勃勃，想要稱霸天下，遂派他率兵五萬，前去攻打魏國。

魏國君主聞訊便召集群臣商議，希望可以找出對應的方法。這時候，公子昂跳出來說：「商鞅當年在魏的時候，和我有交情，我曾經向大王推薦他，但當時他並沒有得到大王的重用。如今我願請令，先與他講和，如果他不同意，我們再固守城池，並請韓國、趙國出兵救援，迫使秦國退兵。」魏惠王覺得有理，即拜公子昂為大將，率兵五萬進屯吳城。

兩軍對壘，商鞅派人送信給魏公子昂，上面寫著：「當年我與您交情甚篤，現在各事其主，為兩軍之將，實在不忍相互殘殺。我有意與你講和罷兵，您若有心請輕裝簡從相見於玉泉山，做衣冠之會。」公子昂看了，大為感動，覺得商鞅和他的想法一致，便如期赴約。

到了約定好的日期，商鞅派人去魏營報信，說他只帶了幾個隨從在玉泉山下迎候。公子昂到了山下，見商鞅隨從既少，又沒有帶武器，遂不疑有他，放下心防。

兩人見面，先敘舊情又飲酒奏樂，飲到酣暢之際，忽然一聲號令，公子昂大為驚訝！埋伏在附近的士兵立刻跳出來，把公子昂抓住，公子昂這時才知道受騙，但已經來不及了。他直接被送到秦國，而魏國隨行的人都被埋伏的兵士所俘虜，沒有一人逃脫。

商鞅再到吳城威逼利誘，讓他們用本國儀仗，謊稱公子昂赴會歸來，騙開城門，輕易地占領了吳城。

隨後，秦軍乘勢大敗魏軍。魏軍主帥被擄，軍心一潰不可收拾，商鞅長驅直入，一直打到魏國都城安邑近郊。

魏惠王大懼，派大夫龍賈出城請降。龍賈勸商鞅說：「良鳥戀舊林，良臣懷故主。魏王雖不能重用您，但魏國是您的父母之邦，足下安得無情，一定要趕盡殺絕呢？」

商鞅沉思了一會兒說：「要我停止作戰可以，除非把河西之地割給秦國。」魏惠王只得獻出河西一帶的土地，匆匆忙忙遷都到大梁。

秦孝公獎勵商鞅之功，封為列侯，並將魏國商於十五邑賞給他。從此，原名衛鞅、公孫鞅號稱商君，後世稱為商鞅正是為此緣故。

商場上，兵不厭詐，有些舊識靠得是關係，然而害人之心不可有，防人之心不可無，公子卬雖待商鞅至誠，然而商鞅卻辜負他。

這個故事或許讓我們對人性失望，但也警惕我們待人處世都需要謹慎，這並不是叫你不要相信他人，而是在與人交往當中，要知道什麼話可以說？什麼話不能說？逢人且說三分話，不可全拋一片心。

人總是會變的，當初可能和你生死相交，最後卻砍你一刀。許多人當然我們也不要失望，以為世界上所有人都是壞人，我們不去陷害他人，卻難保他人不會因為更大的利益而損害我們。我們要做個好人，也要做個懂得保護自己的好人。公子昂如果能對人性更了解或是看透商鞅或許就不會吃虧了。

第三則

掌握事物的規律

遇事情不要被常規所束縛，應多了解事物的道理，或順行或應變，方能解決問題。

宋神宗熙寧年間，越州鬧災害，只見蝗蟲如烏雲般遮天蔽日，朝越州飛來，所經之處禾苗全無，莊稼顆粒無收一片肅殺。

這時，趙抃被任命為越州知州。趙抃素以多智、愛民著稱，他一到任，首先面臨的是救災問題。

越州不乏大戶之家，他們藏有大半年的存糧，吃飯沒有問題，然而老百姓青黃不接，大都過著半饑半飽的日子，一旦遭災便沒飯吃。災荒之年，糧食比金銀還貴重，一時之間，越州米價居高不下，大家都為了填飽肚子而傷腦筋。

面對此種情景，同僚下屬們都沉不住氣，紛紛來找趙抃，希望他拿出辦法，趙抃召集僚屬來商議救災對策。

大家議論紛紛，沒個定論。但有一件事是肯定的，就是依照慣例，由官府出告示，壓制米價以救百姓之命。部屬說附近的州縣已經貼出告示，壓制米價，我們倘若再不行動，米價天天上漲，老百姓將不堪其苦，會起事造反的。

趙抃靜靜聽大家發言，沉思良久，才不疾不徐地說：「這次救災我想反其道而行，不出告示壓米價，而是告示米價可自由上漲。」

「啊！」眾僚屬一聽，都目瞪口呆，先是懷疑知州大人在開玩笑，爾後看他認真的樣子，又懷疑是否這位大人吃錯了藥胡言亂語。

趙抃見大家不解，笑了笑，胸有成竹地說：「我已經決定了，這次就這麼辦吧！」

官令如山，大人說怎麼辦就怎麼辦。不過，大家心裡都直犯嘀咕：「這次救災肯定會失敗，越州將餓殍遍野，越州百姓要遭殃了！」

這時，附近州縣都紛紛貼出告示，嚴禁私漲米價。若有違犯，一經查出，嚴懲不貸。而揭發檢舉私漲米價者，官府予以獎勵。而越州則是貼出不限米價、自由買賣的告示，米商聞訊都從四面八方而來，打算大賺一筆。

開始幾天，米價確實增了不少，但買米的人看到米價上漲太多，量又這麼大，都觀望不買。

過了幾天，米價開始下跌，並且一天比一天跌得快。米商若不賣再運回去，一則運費太貴，增加成本；二則別處又限制米價，運到他州，也沒有太多的利潤空間，只好忍痛降價出售。就這樣越州的米價雖然比別的州縣略貴一點，但百姓有錢可買到米。

而別的州縣米價雖然壓下來，但百姓排半天隊，卻很難買到米糧。這次大災，越州餓死的人最少，反而受到朝廷的嘉獎。部僚們這才佩服趙抃的計謀，紛紛來請教其中原因。

趙抃笑著說：「道理很簡單，依照市場之常性，物多則賤，物少則貴。我們這樣一反故常，告示米商可隨意加價，米商都蜂擁而來了，吃米的就那麼多人而已，米價又怎麼會漲上去呢？」

趙抃明白商場的道理，物以稀為貴，他掌握了這個關鍵，然後反其道而行，進而達到他的效果。

我們在做事情，解決難題時，也要懂得事物的道理，順應所為，或反其道而行。

就像颱風來臨，菜價上漲，有些人就選擇根莖類的食材，如此一來，不僅可以避開高漲的菜價，也可以享用到美食。等到菜價平穩了，又再購買葉菜類，只要知道供需的原則，就不一定要在那個時機採買。有些人亦會在換季的時候，採購上一季的衣物，也是相同的道理。「反其道而行」也是從「順其道而行」演變而來的。

透過事物的表象，掌握發展的規律，我們在日常生活中，也可以多學習去明白事物的道理，或許在遇到困難時，能激盪出不同的火花呢！

第四則

成事不急於一時

遇到挫折要忍得一時的痛楚，積聚力量，日後再尋機會取得勝利。

范雎是戰國時期的魏國人，原本是魏中大夫須賈的家臣，曾經跟隨須賈出使齊國。齊王非常傾慕范雎的學識與才華，就派人送一些貴重的禮物，希望他能留在齊國任職，范雎推辭了。

不料，這件事被須賈知道，回國之後，就將此事報告給相國魏齊。魏齊不問清緣由，就認定范雎將魏國的機密洩露給齊王。於是便派人把他抓入監牢，嚴刑拷打一番，要他招供。范雎不招，被打得遍體鱗傷，一時氣絕，昏死過去。

魏齊見范雎昏死過去還不滿足，又讓人把他用破席裹起來丟到一旁，讓他自生自滅。好在范雎命不該絕，天色暗下之時，他慢慢甦醒，見到離他不遠處有個獄卒正坐著打盹。

范雎強忍住疼痛，用微弱的聲音，把那人叫過來，對他說：「我是活不成了，你要是能讓我死在家中，我就把家裡僅有的一些金子都給你。」那獄卒一聽，馬上答應了。

他按范雎所說，先跑去告訴魏齊，說范雎的屍體已經發臭。魏齊也沒怎麼在意，就叫他把范雎的屍體扔到郊外。

等到夜深人靜，那名獄卒把范雎帶出來，將他安全送回家中，范雎命家人拿出金子酬謝，又一再叮囑他，務必將那破席扔到郊外去。

等到獄卒離開，范雎還是覺得不安全。他想：「魏齊為人陰險狡詐，他要置我於死地，肯定不會善罷甘休。如果對我的死感到懷疑，明天可能到家裡來搜查，那樣我就再難活命了。」

范雎即刻命令家人，把他轉移到他的好友鄭安平家中，並囑咐了一些事，第二天，魏齊果然不放心，派人來到范雎家，見到范家正在為范雎辦喪事，全家哭哭啼啼的，這才安心。

范雎在鄭家調養了一段時間，身體漸漸復原。每當想起自己被魏齊毒打至昏死時，他都不由得膽戰心驚。他暗暗下定決心，一定要報這血海深仇。等到身體完全康復，他便改名叫張祿，隻身來到秦國，拜見秦王。

當時秦國昭王在位，勢力相當強大。但秦國內部問題重重：太后專制，「四貴擅權」，穰侯為了擴大自己的勢力，多次遠攻齊、魏。這些事情，范雎知道得一清二楚。

為了取得秦王的信任，他先是沉著謹慎，避免光芒外露，後來看準時機，才單刀直入向秦王擺明眼前形勢，並提出許多可行的建議。

秦王見「張祿」很有遠見卓識，非常器重他，封他為應侯。范雎提出的貶逐「四貴」和「遠交近攻」兩項建議，均被秦王採納，先收回了穰侯的相印，削弱了太后及其他貴族大臣的勢力，又撤回前去攻打齊國的軍隊，把韓國、魏國作為進攻的主要目標。

魏國得知這個消息，十分恐慌，立即派須賈到秦國求和。須賈到了秦國，才知道秦國的應侯「張祿」，就是起死回生的范雎，嚇得向范雎請罪。

范雎饒過了他，對他說：「你回去告訴魏王，讓他快把魏齊的腦袋送來，我還可以向秦王說些好話，不去攻打魏國。否則的話，我就親自帶兵去攻打，到時你們可別後悔！」

須賈謝過范雎的不殺之恩，連夜回國，向魏王彙報，魏王答應了范雎提出的要求。魏齊見勢不好，逃出了魏國。後來走投無路，被迫自殺了。

范雎正是忍辱負重，為了日後的東山再起，而受盡折磨。但是最後他還是報了血海深仇。

「君子報仇，三年不晚。」真正能夠成大事的人，不會倉促做決定，他們保有耐性，亦有堅韌的精神。

遇到挫折時，他們先行忍耐。忍耐不是不肯面對，而是為了厚積實力，讓自己有東山再起的機會。

許多人在面對難關時，垂頭喪氣、意志消沉，以為已經沒有退路，認為天要亡他。上天從來沒有要毀滅一個人，通常毀滅一個人的，都是自己本身。

一念之間，就有不同決定，渡過那段掙扎的時光，蓄積實力，待時機來臨，就有發揮的機會了！當機會還沒降臨時，就好好沉潛，為東山再起做準備吧！

第五則

機會，只給準備好的人

機會也會挑選主人，接不住它的，就算得到它，它也會像皮球，再從你的手中彈開。

曹操在官渡時，同袁紹交戰，由於袁紹的軍隊勢力相當強大，陣容堅強，曹操與他兵力懸殊，只能堅守等待良機。無奈軍糧告急，漸漸支撐不住，恐有失敗之虞。

就在這個節骨眼上，出現一個意外的轉折，就是袁紹的謀士許攸因為得不到袁紹的信任，反而遭到辱罵，許攸便藉著與曹操是少年時代朋友的關係，投奔曹操。

曹操喜出望外，竭誠歡迎，知道許攸的遭遇，就向他討教破袁大計。

許攸說：「糧草是軍隊的命脈，與敵對壘，勝負未分，有糧則勝，無糧則敗。現在袁紹的軍糧輜重，都堆積在烏巢，他派淳于瓊守衛，可是淳于瓊那傢伙是個酒鬼，疏於防備。您可以選一些精兵，假稱是袁軍將領蔣奇，率部隊到那兒去護糧，藉這個機會趁機燒毀他的糧草，那麼袁紹的軍隊就不戰自亂。」曹操滿心歡喜，重重款待許攸。

第二天，曹操果然選了五千軍馬，準備親自前去烏巢燒糧。部將張遼得知，便勸道：

「烏巢是袁紹屯積糧食之處，難道沒有防備？丞相萬萬不可輕敵，而且許攸由袁紹那邊而來，不一定可靠。」

曹操笑道：「不必多疑。許攸來投奔我，這是老天要讓袁紹失敗了。今天我軍糧食快完了，難以堅持。如果不採用許攸的計策，那是坐以待斃。再說，如果許攸說的話有假，他還肯留在我們營寨裡嗎？」

張遼又說：「那也要防禦袁紹乘虛來偷襲我軍營寨。」曹操笑道：「我已經籌劃好一切了。」

原來曹操傳令荀攸、賈詡、曹洪同許攸堅守大寨，而夏侯惇、夏侯淵率一支軍隊埋伏於左邊，曹仁、李典率一支軍隊埋伏於右邊，以備不測。再命張遼、許褚將士在前，而徐晃、於禁在後，曹操則自己帶諸將居中，共五千精兵，打著袁軍的旗號，人人都帶著柴草，乘著黃昏，朝烏巢進發。

經過袁紹的幾處營寨，寨兵問是何部，曹操派人應對：「蔣奇奉命前往烏巢護糧。」袁軍見是自家旗號，不再盤查，一路無阻。

曹操等人抵達烏巢，已是四更。曹操命士兵將柴草放在糧食的周遭，然後放火。當時有一支袁軍運糧返回烏巢，見到失火，急來救應。

探子飛報曹操：「袁軍在我軍背後趕來。」眾將說：「請丞相分兵抵抗。」曹操大喝：「大家只顧向前進攻，務必將烏巢的糧草燒毀。等敵人咬到我們屁股，再回轉迎戰不遲！」

於是，官兵們拚力奮戰，大破烏巢，一時間，火焰四起，袁紹糧草全被燒毀。

曹操又一鼓作氣，向袁紹發起全面性進攻。但是袁紹畢竟根基深厚，又兵多將廣，相比之下，曹操仍然有一定的實力差距。

曹操手下謀士如雲，荀攸向曹操獻計：「我們必須分散袁紹兵力，才能予以擊破。」曹操問：「如何分散袁兵？」荀攸說：「我們可以揚言調兵遣將，一路攻取酸棗、鄴郡，一路攻取黎陽，斷絕袁兵歸路。袁紹聽到消息，一定驚惶不安，必定分兵抵抗。我們可乘他調兵之際，出其不意，大舉進攻。」曹操聽了非常賞識，便依計而行。

袁軍探子聽得消息，趕緊報告袁紹說：「曹操要兵分兩路，一路進攻黎陽，一路進攻鄴郡。」袁紹一聽大為震驚，這鄴郡、黎陽可是自己兵退河北的咽喉要地，如果這兩處有所閃失，那真是死無葬身之地。

袁紹深知曹操用兵神速詭詐，不可等閒視之，況且剛被曹軍燒了烏巢，驚魂未定，豈能再被曹賊偷襲成功？袁紹急忙派袁譚分精兵五萬回去救鄴郡，再派給辛明五萬精兵去救黎陽，連夜進軍。

曹操知袁紹已中計，便命令自家軍隊兵分八路，正面呈包圍形式衝擊袁軍的營寨。袁軍剛分兵離開，留守士兵毫無準備，遭到襲擊，士氣頓失，狼狽逃竄。袁紹連披掛都來不及，穿著寢衣，匆匆上馬而逃。曹軍大將張遼、許褚、徐晃、于禁等四名將領急追不捨。

袁紹急忙渡過黃河，兵士們在渡口爭先恐後上船，被袁紹手下部將砍落水中的不少。而袁軍丟下的金帛、車輛，不計其數，最後只剩下八百餘名騎兵，逃回河北。曹操大獲全勝，徹底擊敗了袁紹。

這就是歷史上有名的官渡之戰，官渡一戰使袁紹元氣大傷，兵敗如山倒，究其原因是其誤聽誤信，致使兵力分散，正中曹操下懷，以至被個個擊破，最終落得慘敗下場。

曹操和袁紹的軍力雖然差距懸殊，但曹操卻憑著勇氣，大敗袁紹，因為他已經準備好了。

許多人總是期待機會，希望有一天能夠出人頭地，吐氣揚眉。但機會來的時候，卻又不知道怎麼把握住？

沒有實力、能耐的人，就算天上掉下來一個絕佳的機會，也不一定接得到，就算接到了，也不能持久。就好比一個歌唱機會吧！以為自己歌喉很好，興沖沖報了名，想要一展歌喉，就算音色美，但唱歌的技巧及感情的充沛，都是評選的指標，歌唱的實力是一次又一次的練習、累積而來。

而這樣的人，在平常的時候，就已經為自己做好準備，等待機會到來的那一剎時，利用他們的實力，展露光華。

喬治．愛利渥特說：「人類假如不能利用機會，機會就會隨著時光的波浪流向茫茫的大海裡，而變成不會孵化的蛋。」讓我們在看到機會時，都能好好的把握它吧！

第六則

驕傲是勝利的敵人

滿招損、謙受益，成功者務必戒驕戒躁，認清自我，方能取得進步。

曹操自從收服關羽以後，將他待之上賓。在與袁紹軍隊交戰的時候，袁紹的部將顏良出戰，連斬曹操兩員大將。爾後，關羽出戰，幾個回合便把顏良斬首，為曹操解了白馬之圍。

曹操大喜，正收兵準備後撤，忽然前方又報袁紹大軍又來報仇，領兵的正是袁紹手下名將文醜。曹操立即傳令，以後軍為前軍撤退，撤退時糧草在前，軍隊在後。

眾將官、謀士們疑慮重重，不同意把糧草放在前面，但曹操堅持己見。於是曹軍只得聽話，馱著糧草，沿著河塹至延津一帶，一路逶迤行進。

曹操親自在後軍指揮，忽然前軍大亂。原來是文醜率領大軍衝殺過來，曹軍前面的押糧軍大亂，軍隊士兵們紛紛拋棄糧車，四散奔逃。曹操見此情景並不著急，他用馬鞭隨意指著一個山坡說：「此處可以暫時避一避。」曹軍人馬一齊奔向土坡。曹操又命兵士們解除甲衣，卸下馬鞍，將戰馬放到土坡下面。

這時文醜軍隊乘機奪得大批糧草，又見戰馬遍野，馬上下令軍士們搶馬。兵士們四散搶馬，剎時間人仰馬翻，文醜大軍亂了套。

「殺啊！」此刻，曹操高喊一聲，命令所有的軍隊乘機殺出，文醜才知中了圈套，只是大軍已經無法召集，文醜只得帶領數人，倉促迎戰，交戰之中，被關羽一刀斬下。

曹操再指揮全部人馬衝殺，把文醜等人殺得落花流水，又把丟失的糧草、戰馬如數奪回。這時謀士們才明白了曹操的韜略，原來是利用驕兵之計，先引敵上鉤，再乘其亂，一舉反攻。眾將欽佩不已，稱讚他用兵如神。

曹操之所以能用兵如神，在於他掌握了對方將士的驕縱心理，營造條件，以便於誘敵上鉤，步入他早已設定好的圈套，從而大獲全勝。

驕兵必敗，這是不變的道理，驕傲會矇蔽我們的眼睛，讓我們錯判形勢，而無法看清真正的方向，就像文醜，如果他沒有帶著驕傲的心，又怎會敗於曹操的手中？

驕傲的人有著強烈的優越感，對於那些不如自己的，看不上眼，而往往這些看不上眼的，往往是打擊驕傲的致命武器。卡內基曾經說過：「傲慢的人不會成長，因為他不會喜歡嚴正的忠告。」莎士比亞也說：「一個驕傲的人，結果總是在驕傲中毀滅了自己。」

第七則

時機，是不等人的

成功的機會往往是在剎那間的靈光一現，只要足夠了解敵情，看準時機，搶先一步，便能奪下勝利。

三國時，賈詡是個很有智慧的謀士，張繡聽了他的計謀，打敗了曹操。荊州的劉表又應張繡之請，乘機起兵，要斷曹操的後路。可是在安眾一帶，曹操施展奇謀，打敗了張劉的聯軍。

此時，曹操的謀士荀彧在許都被圍，派人星夜飛報。曹操得到消息，傳令全軍即日回師。

張繡的探子得到資訊，即刻報知張繡，張繡就要率軍追殺。賈詡力勸：「千萬不要，如果此次前去追殺，我方必敗無疑。」旁邊的劉表不以為然，說：「今天不追曹軍，豈非白白喪失千載難逢的良機？」竭力勸告張繡率領部隊一同追擊。

如此，張劉聯軍追趕了十餘里，終於趕上曹操後衛。兩軍接戰，曹軍十分奮勇，張劉聯軍力感不支，難以抵擋，大敗而回。

張繡回來看到賈詡，面有愧色，懊悔不迭，對賈詡道：「當初沒有採納您的勸告，果然遭到失敗。」

賈詡則笑道：「現在可以了，好好重整旗鼓再去追殺曹軍。」張繡和劉表一聽，都大為驚詫，說：「軍中無戲言。剛才追殺失敗，怎麼又去追殺？」賈詡嚴肅地說：「今番追去定獲大勝。如果不勝，請砍下我的頭顱！」

張繡相信賈詡，打算前去追殺，劉表卻心有疑慮，不肯發兵同往。張繡只好親自率領軍隊前去追趕曹操。

兩軍交戰，曹軍果然大敗，張繡信心滿滿，又要追殺，忽然一支軍隊擁出，攔住去路。張繡不敢戀戰，回師安眾。

劉表覺得莫名其妙，詢問賈詡：「第一次我們用精兵追殺，先生說必敗，果然敗了；第二次張將軍用敗兵追殺勝兵，先生說必勝，果然勝了。兩次結局都讓先生料中，這是什麼道理啊？」

賈詡說：「將軍雖然善於用兵，但並非曹操對手。曹操精通兵法，他雖然撤退，但是為了防止追軍，必定將精兵強將部署在後頭。所以第一次追擊時，我軍雖然精銳，卻不能抵擋他的勁旅，所以我知道必敗。而曹操之所以急於退兵，我估計必定許都有新的情況，等待他回去處理，他打退我們後，必然輕車簡從，火速趕回許都，不再作防止追殺的準備，此刻我軍乘其不備再予追擊，所以必定能取得勝利啊！」劉表、張繡聽了，都佩服得五體投地。

俗話說，智者千慮，必有一失。曹操此次遭逢不測，在於對方掌握了曹操的用兵方略後，針鋒相對，趁其不防，攻其不備，才取得勝利。我們在做事時，也要全盤了解事情的走向，找對先機便能從對手手中獲得勝利。賈詡便是逮到了時機，讓張繡一鼓作氣回擊，才有這次的大捷。

在商場上，每個人都在觀察敵手的狀況，再從中找到優勢，但光是判斷是不夠的，你不能等敵人壯大，再想將它消滅，而是要在敵軍還沒準備好之時，就給予致命一擊。

成功和失敗，有時就只差那麼一點。奪得先機，便能締造出不同結果。這個「先機」要靠大局的了解與精湛的目光，並有膽識和勇氣，在旁人還沒察覺的時候，先行下手。

在機會來臨時，每個人都有機會，誰能先把它接住，就能成功。

第八則

走在對手的前面

發揮主動出擊的精神，讓自己贏在起跑點，將勝過那些只會被動等待的人。

西元一九八年，曹操假天子之命，又一次興兵討伐南陽的軍閥張繡。張繡抵擋不住，便退兵於南陽城內固守。曹操久攻不下，心情焦躁，便親自騎馬圍著南陽城轉了三天，終於讓他發現破綻。

原來在東南角城牆的磚石，新舊不一，曹操心生一計，便傳令下去，在南陽城的西北堆積柴薪，召集諸將，擺出集中攻西北方向的架勢。實際上卻祕密派軍隊準備攻城器具，打算從東南角突襲入城。

張繡見曹操騎馬繞城三天，又見曹軍在西北角堆積許多柴薪，甚為奇怪。謀士賈詡笑道：「曹操看了三天，我也看了他三天。他的意思我早已明白，我們可以將計就計行事，他必敗無疑。」

張繡驚訝地問道：「此話怎講？」賈詡說道：「我在城牆上，見曹操對東南城角磚石的顏色，察看得十分仔細，我就明白他認為此處是薄弱的環節，打算從這裡進攻。可是他在明裡卻在城西北堆積柴草，這是虛張聲勢，想騙我軍將主力放在西北方守衛，他正好乘黑夜偷偷爬上東南角突擊城內。這是曹操運用聲東擊西的策略啊！」

張繡驚問：「那我們怎麼辦？」賈詡笑道：「這很容易對付。我們可以命令士兵藏匿於東南房屋內，再讓百姓假扮成士兵，擺出盡力防守西北的樣子。到了晚上，讓曹軍在東南角爬城。等他們進入城裡，一聲炮響，我們的士兵再突襲，他們猝不及防，就可以活捉曹操了。」張繡採納了賈詡的計謀，依計行事。

這時候，曹操的探子來報告，說張繡集中兵力到西北角上吶喊鼓噪，拚力守城，而城東南防衛卻十分空虛。曹操大笑道：「張繡中我的計了！」便命令軍隊祕密準備好爬城工具。白天他命令部隊假裝攻西北角。到了晚上二更時分，卻讓精銳主力爬上城牆，只見城中無一動靜，他們便一擁而入！

忽然，一聲炮響，張繡的伏兵從四面衝殺出來。曹操突遇意外，知道計策已敗，慌忙退兵，而張繡率領精兵猛將不斷追殺。曹軍敗退，潰逃數十里。張繡等人大開殺戒到天明，才回師入城。此次戰役，曹操損兵折將有五萬餘人，失去輜重無數。

此次賈詡勝在提前洞悉曹操的心機，並採取克敵制勝的方法，而表面上裝出受騙中計的樣子，使曹操誤以為自己的計謀萬無一失，沒想到遇到針鋒相對的對手而受挫。

如果做任何事能搶先在對方之前預測到，就可以更快達到目的。就像有些時候明明大家獲得的資訊都一樣，為什麼有些人總是能提早一步完成？因為他們更積極，更主動搜尋許多資訊，或比他人提早布局。對照到我們想要達成的目標，如果大家的條件都一樣，那要如何在眾人之間奪得先機？只能「眼觀四面、耳聽八方」，除了原有的訊息外，還需要更強烈的主動性，在機會降臨前，提先架設好漁網。而不是等機會失落才去爭搶漏網之魚，屆時早就被他人捷足先登了。

所以，能洞察先機者，比別人快一步的人，就是容易成功呀！

第九則

巧妙運用心理戰

與其跟對手硬碰硬，不如利用心理戰術，出奇制勝。

宋真宗不久於人世之時，太子年紀尚小，李迪擔心會有意外，經常藉口為皇上祈禱消災，而睡在內殿，實則是為了保護年輕的太子。

當時有位八王爺名叫元儼，很有權勢，企圖奪取皇位，常常藉口探問皇上的病情，而留在皇宮內。李迪知道元儼居心叵測，對他懷有戒心，可是沒有理由趕走八王爺。

有一回，李迪看到內侍端著一個金杯走到面前，順口一問：「你所捧的金杯盛著什麼東西？將它呈獻給什麼人？」內侍回答：「這是八王爺要的開水。」

李迪看著那杯水，忽然心生一計，於是他拿了桌上的毛筆，把杯中的開水攪得黑乎乎的，內侍嚇了一跳，李迪卻說：「你就這樣拿去，若王爺怪罪你，認為你投進毒藥，你可請他叫大夫來檢驗呀！」

內侍無奈，只好依言而行，他把這金個杯端給八王爺，元儼一看，嚇了一大跳，並沒有喝下那杯水。

不過他開始想到自己在宮中逗留這幾天，難保飲食當中沒有人下毒或有人企圖對他不利，於是匆忙離去。

離開宮中，他還不放心，請了大夫診斷，醫生強調他並沒有中毒，可是他還是驚疑不已，又唯恐自己的心意早已被識破，有人盯上了，於是打消篡奪皇位的念頭。

「攻心為上，攻城為下。」李迪沒有和八王爺正面衝突，反而利用心理戰術讓他知難而退，可謂高招。

心理戰可以說是策略當中最高明的手段，它不但要對戰局有全面了解，還有對敵手的個性也必須掌控。讓你不費吹灰之力，就可以輕輕鬆鬆化解難關。

在競爭之中，給對手的心理造成衝擊和打壓，運用得宜的話，遂能達到自己想要的成果。

第十則

糾正自己的缺失

面對挫折時，要調整自己的情緒起伏，不要讓情緒問題造成你的障礙，而且還拖累其他人。

三國時，桃園三結義的張飛，以性格急躁粗魯且威猛剛強的個性著稱於世。他曾經單槍匹馬於當陽橋頭一聲怒吼，斥喝而退了百萬曹兵，可是這個急躁粗魯的張飛，也有細心的時候，並且因此降服了大將嚴顏。

那是在劉備向四川進軍的時候，諸葛軍師撥了一萬兵馬，叫張飛先去奪取巴郡，然後再到雒城會齊。張飛帶兵出征，一路節節勝利直到巴郡，卻被巴郡守將嚴顏擋住了去路。

嚴顏是一位英勇善戰的老將，他見劉備大軍來攻城，心裡早已打好主意：「打不贏就堅守不出。」所以張飛一到，他先出城交戰，見打不過便假裝敗走，進了城再也不出來，不論張飛怎麼叫陣都不出面迎戰。

張飛率軍連續攻打了好多天都沒法攻進城。他派士兵輪番到城下罵陣，可是不論罵得多凶多難聽，嚴顏和守城將士就是不理不睬。張飛沒辦法只得吹鬍子瞪眼乾著急，不知道該怎麼辦？

但是張飛慢慢地冷靜下來了。他想硬攻不行又沒法讓嚴顏出城交戰，看來只能用其他的辦法，把嚴顏引誘出來再將他擊敗。

忽然，一條妙計浮上心頭：「我可以派人去傳播一些假消息，就說我們要從小路去偷襲巴郡的後方。這樣嚴顏必會趁此來偷襲我的大營。到時候，我假裝營中空虛，暗中設下埋伏，等嚴顏一到就別想逃出去了。」

打定主意，張飛便依計而行，嚴顏果然中計！他一聽張飛要來偷襲後方，一面派了重兵把守後方；一面領了兵士，悄悄出了城，想要趁張飛軍中沒有防備的時候，奪取他的軍糧。

誰知道嚴顏剛進了張飛大營，周遭便衝出好多伏兵大喊捉賊！嚴顏這才明白上了張飛的當但為時已晚，沒戰幾回合便被張飛生擒活捉了。

張飛自以為他曾經喝退曹操大隊人馬，嚴顏這個被活捉的俘虜一定會嚇得跪倒在地叩頭求饒，於是他擺出一副傲慢的樣子等著嚴顏請降。

哪知嚴顏卻滿不在乎，昂頭挺胸，立而不跪。張飛一見，心頭火起，大聲喝道：「現在被我活捉還敢抵抗嗎？還不盡早投降，我也可以免你一死！」

嚴顏不卑不亢，厲聲回道：「這裡只有斷頭將軍，沒有投降鼠輩！」張飛氣得火冒三丈，令左右將嚴顏推出去斬首。而嚴顏不等眾人來抓拿，自己昂首跨步向外走。

張飛看在眼裡氣反而消了，敬佩之意油然而生，現在他已經深深欣賞這位勇猛不屈的老將軍了。

張飛急忙上前拉回嚴顏，親自為他鬆了綁，並恭敬地說：「老將軍，您的英雄氣概真令人敬佩，剛才是我魯莽失禮了，請多多包涵。」老將軍嚴顏見張飛確實是誠心誠意的尊敬自己而深受感動，於是心悅誠服願意投降了。也因如此劉備又多了一名勇猛大將。

個性不是壞事的藉口，知道自己的缺點更應該改正。不論是魯莽或是衝動，在大事之前都得按捺住急躁，戒急用忍，為大局著想。

天性無法壓抑，但可以接受後天的訓諫，想成大事的人，必須要先穩定自己的心性，不讓自己的情緒壞了大事。

第十一則

事實勝於雄辯

任何謊言都經不起核對和推敲，只要依據事實進行縝密的推理，就可以接近真相。

南北朝時，北魏的雍州太守李惠遇到一個相爭不下的案子，有個鹽販子背了一袋鹽，到雍州城去賣，恰巧遇到一個賣柴的樵夫也要進城，兩人就結伴而行了。

一路上，兩人談得倒也投機，快到雍州城，兩人都累了，就在路邊的大樹下休息。但當兩人起身準備趕路時，卻為鋪在地上的一張羊皮相互爭搶起來。

兩人都說羊皮是自己的，為此發生口角，後來又動起手來。正在難分難解互相糾纏之際，正巧有個差役經過，所以把他倆帶到州府去解決。就這樣兩人互相拉扯跟著差役來到州府。

太守李惠讓他們把事情的經過講清楚，兩人互不相讓，爭先恐後，李惠讓他倆安靜下來之後，先讓樵夫說話。

樵夫餘怒未消，氣呼呼道：「這張羊皮是我的。我每天早出晚歸，進山砍柴，冷了拿它取暖，背柴時拿它墊在肩上，多年來從未離身，沒想到今天碰到這個貪心之人，竟想將我的羊皮據為己有，請大人明斷。」

鹽販子聽完，氣得面紅耳赤。他向李惠作揖道：「大人，他一派胡言，我走南闖北，拿它背鹽已經五年了，誰想今天這麼倒楣，遇到如此無賴之人。早知這樣，我何必與他同行？」

兩人各持己見，互不相讓。堂上的差役們也都皺著眉頭，心想：「這種事情怎麼判啊？」

只見李惠聽完兩人的申訴之後，先讓兩人到前廳等候，自己則低頭沉思。過了片刻，李惠胸有成竹地對左右差役說：「這件事倒也容易，只要拷問這張羊皮就行了。」只見眾差役都愣在原地。

李惠又說：「只需要對羊皮拷打一番，就能知道它的主人到底是誰了。」眾差役聽後，更加疑惑不解了，大人這葫蘆裡賣的是什麼藥呀？

手下都覺得很奇怪，但憑李惠吩咐：「來人呀！把羊皮放在席子上，打它四十大板。」差役們差點笑出聲來，但不敢違抗命令。

只聞大堂之上，一陣「啪、啪」聲響，四十大板過後，李惠走上前拎起羊皮看了看，又看了看席子，滿意地說：「果然經不住拷打而招供了。」眾差役這時才恍然大悟都暗自佩服李惠的才智。只見李惠轉身回到太師椅，坐定之後說：「傳他們上堂。」

鹽販子和樵夫來到堂上。李惠說：「本府已審問過羊皮，它說賣鹽的是它的主人。」

樵夫聽後，很不服氣地說：「大人，小民不服，羊皮怎麼能說話呢？」

李惠冷笑道：「大膽刁民，你看這席上散落的鹽屑，你又如何解釋？」

樵夫一看，知道再也無法抵賴了，馬上跪地求饒，承認自己一時貪心而犯錯。鹽販子也跪地叩謝李惠的英明決斷。

事實往往被隱藏起來，這時候就需要透過調查以及嚴密的邏輯推理才能使其顯露出真相來。

我們在看事物時，第一眼只能看到表象，沒辦法知道真偽，而有心人士常常利用這一點故意設計我們，企圖混肴視聽。想要看透事情的真偽，就要去找出真相。它曾經發生過，就像光明與黑暗是不會改變的。

就像樵夫，即使想要賴將不屬於它的東西奪過去，終究還是無法逃過真相，從羊皮上掉下來的鹽巴做了最好的證明。

真相，只有一個。無論想要如何掩蓋，它終會浮現。我們在面對任何事情之時，都要保持清醒的頭腦，不要人云亦云，用邏輯去推理，並且縝密思考，使之真相大白。

第九章

謹慎駛得萬年船

第一則

留心周圍的事物

觀察四周所發生的事情，不要因為事不關己就置若罔聞。

唐朝時，呂元膺出鎮岳陽的時候，有一次，他帶領手下走到江邊，見到路旁停著一個靈柩，旁邊是五個帶孝的漢子。呂元膺走上前，那幾個漢子看到他，神色有點緊張，呂元膺覺得有點奇怪。

「過江啊？」呂元膺裝作打招呼，趁機觀察他們。「是啊！」漢子回答。呂元膺又問：「棺中是你們何人？」漢子們說：「是小人們的父親。」

呂元膺裝作同情，歎了口氣說：「唉，這也難為你們了，這麼熱的天去遠葬，孝心可嘉。哦，你們五個是親兄弟？」漢子們又點頭道是。

呂元膺見他們神情緊張，不肯多說話，套不出什麼來，心生一計，便道：「船來了，你們先上吧！」那幾個漢子有點遲疑，你望望我，我望望你，這神情更啟人疑竇了。

其中一個年齡稍長的漢子答道：「大人在此，應該先行。小人們有孝在身，不敢同船而行。還是請大人先過江吧！」

呂元膺聽後大笑：「人乃孝字為大，你們兄弟不必客氣，奔葬要緊，快上船吧！」漢子們見呂元膺堅持要他們上船，只得將棺材扛上肩，搖搖晃晃朝擺渡船走去。

呂元膺仔細觀察，照理來說，一副棺材並沒多大份量，可這幾個壯漢卻扛著如此吃力，裡面定有奸詐。

於是，他命令手下裝作去幫忙放跳板，待漢子們踏上跳板之後，悄悄一移，只見眾漢子站立不穩，把棺材翻至江邊，連棺材蓋板也掀至一邊。呂元膺帶眾人上前一瞧，只見棺內並無死人，而是整整一棺兵器。他大喝一聲：「拿下！」那幾個漢子束手就擒。

經過審訊，原來這幫孝子是假，強盜是真，他們打算過江搶劫一批貨物，假裝送葬以免擺渡艄公懷疑。

他們還供出幾十名同夥，已經約好在對岸集合，待兵器一到手便行動。呂元膺即令發兵，悄悄過江，將那幫盜賊一網打盡。

呂元膺沒有因為事不關己，就忽略了這幫人馬，而事件的發生，往往有蛛絲馬跡可循，多一份關心就少一分危險發生。

比如說，一個人拿著手機，站在銀行提款機面前神色異常，我們可以請銀行人員去關心一下，說不定就破解了詐騙的手法；獨居老人若是超過兩日沒見面，又沒有人知道他的下落，說不定他正生病在家，無法出門，透過我們的關心，說不定可以救得老人一命。

凡事都有徵兆，我們在日常生活中，可以多觀察周遭的人事物，多多關心我們這個社會，不讓憾事發生。

第二則

觀察細微，趨利避凶

觀察細微的事物，就能找出其中奧妙。利用觀察出來的結果去改善生活，讓我們過得更平安。

西晉時，王戎當了宰相。他知人善任，體恤民情，所以他為官之時，頗得當地民眾和地方官的擁戴。

王戎生在一個書香世家。他小時候很聰明也很頑皮，常常和百姓家的孩子外出遊玩。有一次，他們到臨沂城郊玩，幾個小夥伴玩得起勁，眾人看到大路旁邊有棵李樹，就一下子都跑了過去，一個個仰著紅通通的小臉，望著滿樹金黃透紅、紅中帶紫的李子，都饞得不得了，爭著爬樹摘李子，只有王戎站著不動。

其他小朋友覺得很奇怪，問：「王戎，你怎麼不爬樹呢？」王戎說：「這李子是苦的，不能吃。」

小朋友哪裡肯聽，爬上樹的小朋友從樹上爬下來，採著十來顆李子，分給其他小朋友。但大家拿著紅豔豔的李子咬了一口，立刻吐出來：「啊！真苦呀！」他們紛紛問王戎：「你怎麼知道這李子是苦的？」

王戎說：「這棵李樹如果生在深山，毫無疑問是甜的。現在它生在大路邊，如果是甜的，早就被過路人採光了。」小朋友們都佩服王戎的推理。

這時，旁邊一位白髮老翁聽了，笑咪咪說：「這是一棵野生的李樹，苦李子不能吃。」老翁的話更證明了王戎的判斷正確。

王戎透過觀察及推理，知道李子是苦的。而我們在日常生活中，也不要被事情的表相所迷惑，要多透過觀察，方能趨吉避凶。

像是聞到空氣中的瓦斯味，就要警覺是不是瓦斯漏氣，這時候盡快打開窗戶通風，也不要立即點火，避免意外；而住家附近如果出現不認識、行蹤詭異的人，也要提高警覺，說不定就可以避免竊賊宵小。

因為細心，所以在災禍來臨之前，先把它免除；因為觀察，所以那些蛛絲馬跡，可以在最快的時間浮現。岡察洛夫說過：「觀察與經驗和諧地應用到生活上就是智慧。」

多多關心、留意我們生活周遭所發生的一切，發揮敏銳度，便能為我們提供一個更好的生活環境。

第三則

越過表象，才能看到事件背後真實的原因

處事之前，先要用心思考，以理智來判斷，以客觀事實為基礎，不要忽略細節。

宋朝的時候，福州某條街上，有一趙姓人家，早上來了一位不速之客。只見一位老者不斷敲打著趙家大門，趙家人一開門，他便硬闖了進去，見物就砸，見人便打！

趙家人一細看，才知是街鄰錢老爹。看看被砸壞的家當，趙家人忍無可忍，遂一起上前揪住錢老爹。誰知這老頭像瘋了似地拚死反抗，仍是又砸又打。趙家一氣之下就要揍他，不料剛一動手，老頭忽地倒地身亡了！趙家見出了人命，一時之間嚇得不知所措！

且說錢家早晨起來，沒有見到父親，錢家老大帶著弟弟直奔趙家，見到父親已死，痛哭了一陣，便揪住趙家人去知府打官司。

這幫人哭哭鬧鬧來到府衙，知府王臻詢問案發經過後，知道趙家和錢家因雞毛蒜皮之事積怨很深。據錢家老大講，他前幾天路經趙家門口，被髒水滑倒，就指桑罵槐發洩怨氣。後來趙家也出來對罵，因氣不過動了手，他見趙家人多勢眾就逃回家，父親知道之後，找趙家

理論，被其打死。

「鄰里之間應和睦相處，你們竟然鬧出人命，實在不應該！」王臻聽完訴狀之後說。趙家人雖覺老頭死得莫名，可又實在找不出證據，因為錢老頭確實是在他家打架時而死的，便只好自認倒楣。王臻見趙家供認不諱，便將他們押下，待驗傷後再作了斷。

驗傷官很快遞交上報告，王臻閱後覺得此案有疑，因為錢老頭身上的傷不足以導致死亡。

王臻速傳錢家，就其父找趙家理論經過，逐一詳查細問。錢家人回答得語無倫次，重要情節上又吞吞吐吐，而且個個神色恐慌。

王臻思考了一段時間，便對此案有了明斷。王臻正色說道：「本官手中的驗傷報告證明，你父親的死另有他因，如實招來，以免受皮肉之苦。」

最後，錢老二道出了真相，原來錢父年老多病，聽到兒子被打，加上數年的仇怨，竟想出了一條計策，他事先服下一種毒藥草，然後去趙家尋事，趙家動手時，藥性發作死於他家，便可告其殺人罪。當時家人極力反對，沒想到錢父真使用此計。

案情明瞭後，王臻的判決為：釋放趙家人，罰其數兩白銀，作為錢父的喪葬費。

趙家的行為足不可取，而知府王臻沒有因為事情的表象，就把趙家人判罪，而是追根究柢，找出事情的真相，姑且不論人命關天，任何事情都應該用嚴密的思維來推斷，才不會錯過真相。

網路上有許多爆料新聞，一開始大家一窩蜂倒向某一方，等到真相大白時，才發現原來錯怪了人。這就是因為大部分的人只看到表相，就自以為是、斷章取義。事情最少有正反兩面，如果我們在看待事物的時候，可以從另外一個方面思考，就可以避免懊悔，同時也不至於錯怪。

待事可疏忽、可嚴謹、可輕怠、可認真，結果自是大不同，糊塗官不少，卻也不乏王臻這樣的清明好官，只要我們在面對任何事的時候多思考再做決定，也就無愧於心了。

第四則

謹慎駛得萬年船

凡是做事謹慎小心者，必定先謀求安全的方法，想清事理，再去執行，就不至於犯錯。

鄭國的南面是楚國，楚國是個大國，總欺負比自己弱小的鄭國。後來，鄭國的大夫公孫段，決定把自己的女兒許配給楚國的公子圍，公子圍也答應了。鄭國人以為鄭國成了楚國的親戚，就不會受楚國的欺負了。

而鄭國的相國子產可不這麼看，他認為楚國不會為了一個女子，就放棄消滅鄭國的野心，所以仍然提防著楚國。

過了些日子，楚國通知鄭國，要派大隊兵馬到鄭國迎親。鄭國人歡天喜地，準備迎接楚國的迎親隊伍。子產心想，迎親就迎親，何必要派那麼多兵馬前來呢？楚國一定不懷好意，想假借娶親的機會，攻占鄭國的都城。於是，他立刻埋伏好人馬，防止敵人偷襲。

沒過幾天，公子圍果然親自率領迎親隊伍來了。他迎親是假，想藉機打敗鄭國是真，所以這次帶來不少精兵強將。

這一隊人馬到了鄭國都城下，見城門緊閉著，都大吃一驚。正在納悶，子產派了一個叫子羽的大臣出來見公子圍。

子羽說：「我們鄭國城小，你們迎親的人太多。所以請你們就不要進城了，婚禮就在城外舉行吧！」

公子圍一聽，火冒三丈，氣哼哼地說：「婚禮在野地舉行，真是天大的笑話。你們不讓我進城，這不是讓天下人笑我們楚國無能嗎？」

子羽想起子產囑咐自己的話，就板著臉，不客氣地說：「真人面前就不說假話了。你們真是來娶親的嗎？我們國小，不算錯誤，如果因為國小就想依賴大國，自己不加防備，那就是錯了。」

公子圍驚訝地問：「你這話是什麼意思？」子羽直截了當地說：「我們和你們楚國結親，本來想兩家友好做為結盟。可你們心眼兒太壞了，想趁機攻打我國，還以為我們不知道嗎？」他說著，指了指楚國的軍隊。

公子圍聽著，心虛地低下了頭。他見鄭國已有準備，只好放棄偷襲計畫，對子羽說：「你們要是不放心，我讓我的士兵把箭袋倒掛著進城好了。」子羽把這話報告給子產。子產這才答應讓公子圍進城。

楚國士兵都不帶武器，倒掛著箭袋，跟著迎親隊伍規規矩矩地走進了城。這件事，如果不是子產有預見，鄭國一定吃大虧。

古人云：「小心謹慎者，必善其後，暢則無咎也。」凡事謹慎，有益無害，即使事前看來似乎是浪費時間，但如果可以因為這樣的準備，而免除災禍，那這點準備也不算什麼了。

因為不夠謹慎而失敗的例子比比皆是，我們不要讓自己也成為其中一個。小則損失身外之物，大則損失生命。像坐上車子的時候，就要繫上安全帶，這是大部分人都知道的事情，但有些人卻輕忽這小小的動作，而造成生命損害，三不五時就會看到這種新聞。

愛．科克說過：「事前謹慎總比事後補救強。」如果多點謹慎，也就不用亡羊補牢了。

子產正是做事謹慎，才避免了國家的一場大禍。人們在做事以前，一定要考慮周全，以免不必要的損失。

第五則

危機不會只出現在眼前

不要憑一時的衝動去做事，凡事量力而行，瞻前要顧後，才能在處理事情時收到好的效果。

春秋時期，吳王想出兵攻打楚國。大臣們都勸阻，說：「楚國正處於強盛時期，現在還不能去和它交戰，望大王三思而行。」

吳王一心想稱霸天下，哪還聽得進勸諫？他拔出寶劍，厲聲說：「我已經下定決心了，誰再敢勸阻，我就把他碎屍萬段！」嚇得大臣們不敢開口了，但又心頭焦急，都不知如何是好？

而在王宮裡，有個年輕的侍衛，他很有想法，認為這次出兵不是正義之戰，肯定會失敗，但又不敢面對吳王講。他想了好幾天，終於想出一個辦法。

隔天，一清早，他就走進王宮的後花園。手裡拿著一把彈弓，轉到東、轉到西，連衣服被露水打濕了也毫不在乎。就這樣，他在那裡轉了三天。

吳王見了，覺得很奇怪，就派人把侍衛叫到跟前，問：「你為什麼老在花園裡走來走去，把衣服都弄濕了呢？」

侍衛恭恭敬敬地說：「報告大王，我正在觀察一件挺有趣的事呢！花園裡有一棵樹，樹上有隻蟬，牠在樹的高處喝著露水，並且得意地鳴叫，卻不知道有螳螂藏在牠的後邊，正彎著身子，舉著前爪，準備撲上去捉住牠呢！而那隻螳螂也完全沒料到在牠的身後有一隻黃雀，正悄悄地伸長脖子想去吃掉牠！至於那黃雀也根本不知道我正拿著彈弓，瞄準著牠呢！」

吳王笑道：「確實很有趣。」

侍衛清清喉嚨，又說：「尊敬的大王，蟬、螳螂、黃雀只想到牠們眼前的利益，卻沒考慮到隱藏在身後的危險啊！」

吳王沈默了一會兒，恍然大悟，原來侍衛在用寓言來巧諫，想讓他停止進攻楚國。他笑說：「你講得很有道理。」於是取消了攻打楚國的計畫。

「螳螂補蟬、黃雀在後」這個故事都是要人不要只看眼前，而要考慮到身後的危機。在這個世界上，處處充滿危機，往往在我們不自覺當中，悄悄的降臨。當你把所有的注意力，都擺在眼前，哪還有餘力去顧及後頭？做事不僅要就眼前的事物全盤的分析，更要注意有沒有人對我們虎視眈眈。

「鷸蚌相爭，漁翁得利」也是同樣的意思，當你和對手拼個你死我活，哪曉得早就被有心者看在眼底，處事要多方考慮，不能只顧眼前。

不論眼前擺放的是危機，或是利益，都要「眼觀四面、耳聽八方」，為自己注意安全，才能立於不敗之地。因為你永遠不知道，自己究竟是黃雀？還是那個拿彈弓的人呢！

第六則

留點思考的空間

思考使人成熟，思考使人睿智。只有經過深思熟慮，行動才會變得容易，才能提高辦事的效率。

宋仁宗時，盛度擔任翰林學士兼史館撰修，偶爾幫皇上起草文字。仁宗自幼讀書用功，文思敏捷，最看不慣半天才琢磨出一句話的文臣，每次讓人代寫詔令，都要當他的面完成。而盛度循規蹈矩慣了，做文章慢吞吞的，反覆修改，自然也不合仁宗的胃口。

這一年，長久乾旱，數月內幾個大州郡都不見雨滴。旱情傳到朝廷，仁宗決定效法前代聖王，下詔自責，以求上天普降喜雨。為此，他令太監傳來盛度。

盛度參拜已畢，仁宗則說出本意，盛度領旨，就要下去撰寫。仁宗一擺手，說：「愛卿就在這裡起草吧！」說著，他指著旁邊的几案，「這樣，朕可隨時與你商酌，省得來去呈送不方便，又費時間。」

這下子可讓盛度為難了，他一向文思遲緩，再加上在皇上面前，心情緊張，倉促之間怎能寫得好？但皇上有旨，自己怎好違背，怎麼辦？

他靈機一動，啟奏道：「臣身體肥胖，趴在几案上，會喘不過氣來。懇請陛下找人抬高桌來，臣才好寫。」仁宗一聽，覺得有理，就讓太監們去搬高桌子。

其實盛度是趁這個機會，想辦法爭取時間，趁這個空檔，忙在腹中打草稿，先想想前代史書《罪己詔》的格式，又挖空心思，想了幾個典故。等桌子找來時，腹稿也已有了，於是展紙磨墨，一揮而就。

仁宗見他寫好詔令，令太監取來觀看。但見文筆流暢，引經用典，仁宗看了大加誇獎，直說：「盛愛卿才思敏捷，文章一揮而就。」盛度趴在地上叩頭謝恩，偷偷擦去額上冷汗，哭笑不得，歎了一口氣。

盛度想辦法為自己爭取了思考的時間，在落筆之前，先打好了腹稿，因此做到了一揮而就。雖是有點無奈，但也不愧是明智之舉。

同時我們也可以看到盛度雖然發急，但他還是很有邏輯的為起草作準備，幸虧他飽讀詩書，熟記典故，再加上這詔書早有範本，他只需將範本更改內容，結構不變，立刻可以揮灑文章。

遇到難題，不妨先冷靜下來，給自己一個思考的時間，不用倉促作決定。沒有經過縝密的思考而做的選擇都不會太完善。

思考，是上天給人最珍貴的禮物。卡曾斯說：「把時間用在思考上是最能節省時間的事情。」克柳夫斯基也說：「善於思考的人思想急速轉變。」可見思考對於人的重要性。

第七則

流言止於智者

生活中，難免會遇到搬弄是非的小人，讓人不得不提防。最好的方法就是自己去查證，才不會落入陷阱。

秦武王向來野心勃勃，想要完成統一天下的大業。有一天，他召集左丞相甘茂、右丞相樗里子，共同商討攻打韓國的事，問哪一個丞相願意帶兵出征？

甘茂說：「要攻打韓國，必須聯合魏國才有力量。我可以前去遊說魏王，請他給予協助。」秦武王同意了甘茂的建議。

甘茂很有口才，很快說服魏王，一起發兵攻韓。可是他擔心樗里子這個小人，會在秦武王面前做小動作，到時攻韓不成，恐怕還會丟了性命。於是派人向秦武王彙報，故意說：「魏王已經同意出兵，但我們是不是改變主意，放棄攻打韓國為好？」

秦武王得不到要領，他找到甘茂，問他為什麼改變了主意？甘茂說：「要戰勝韓國，並不是一件輕而易舉的事，要消耗很多財力，也不是幾個月就能結束戰爭的。如果中途發生了什麼變故，不是前功盡棄嗎？」

「有你主持帶兵打仗的一切事務，還擔心什麼變故呢？」秦武王不以為然。

甘茂笑了笑，說：「但事情的發展，總是難以預料的。歷史上有過這樣一件事：一個跟孔子的門生同名同姓，也叫曾參的人殺了人，有人去報告曾參的母親說：『曾參殺人啦！』曾參的母親正在織布，聽了頭也不抬，說：『我的兒子是不會殺人的。』過了一會兒，又有第二個人來報告：『你的兒子殺人啦！』曾母仍舊不相信兒子會殺人。這時，第三人又來說：『曾參殺人，犯了大罪，官府來捕人啦！』這次曾母相信了這個謠言，嚇得扔下梭子躲起來。」

「左丞相對寡人講這個故事，這和出兵奪取韓國又有什麼關聯呢？」秦武王不明白甘茂葫蘆裡賣的什麼藥？

「道理很簡單，」甘茂解釋說，「如果我率領千軍萬馬，離開大王身邊去攻打韓國，說我壞話的人，一定大有人在，萬一大王也像曾參的母親聽信讒言，那麼我的後果可悲，且不去說他，奪取韓國的大業一定也會付諸東流了。」

秦武王想了想說：「為了讓你帶兵作戰沒有後顧之憂，我一定不聽別人的閒言碎語，如若不信，可以給你寫個憑證。」

接著，秦武王和甘茂訂了一個盟約，就藏在息壤。甘茂被拜為大將，領兵五萬，先打宜陽城。

沒想到五個月都沒把城攻下來，右丞相趁機說：「甘茂拖延這麼長時間，莫非要搞兵變或投降敵人？」秦武王經不住右丞相的挑唆，下令甘茂撤兵。甘茂遂派人向秦武王送去一封信，上面只寫著「息壤」兩個字。

秦武王拆開一看，知道自己輕信饞言，動搖了攻韓的決心，覺得很對不起甘茂。於是增兵五萬開赴前線，終於攻下了宜陽城。

甘茂預料到自己可能會受到他人的攻擊，提前警醒了秦武王，免除了自己的後顧之憂，得到了秦武王的信任和支持，最終攻下宜陽城。

防人之心不可無，就算自己行得正、做得端，還是免不了有些人為了自己的利益，而做出傷害我們的事。

我們要當好人，同時，也要當個懂得保護自己的好人，畢竟人心險惡，在外面闖蕩江湖，做任何事之前，都要先懂得保護自己。如果有人污衊清白，最好的自保方式，就是從來不要去做那些事，對方提不出證據，也就沒輒了。

但仍有些耳根子軟的人，旁人一挑撥，就輕易相信上當，我們除了行得正、做得端，辟除謠言也是一個方法。

有人會說「無風不起浪」，也有人說「空穴來風」，三人成虎，真真實實、虛虛假假，面對流言的時候，最好的方式就是去查明事情的真相，而不要輕易相信。如此，才能斬斷流言。

第八則

資訊的可信度

在現代資訊氾濫的時代，如何辨別真偽，就要從我們的能耐開始訓練以達到精準。

戰國時期，周王室日益衰微，不僅周天子的號令對諸侯毫無作用，王室內部的爭權奪位也愈演愈烈，最後竟把少得可憐的封地一分為二，各立新君，稱做東周和西周。

西周的大臣昌他有心爭奪王權，不料洩露了機密，他擔心陰謀敗露會招致殺頭之禍，遂在事發前叛逃到東周。

當時，東周王也想擴大自己的疆域，與西周爭雄，便把昌他奉為上賓，打算委以重任。

昌他一方面要借東周保護自己性命；另一方面更想利用東周打擊西周，報復西周王。因為他熟悉西周所有機密情況，將軍國大事一一向東周王訴說，指出滅亡西周並非難事，還為東周王出謀劃策，做好待機進攻的準備。東周王大喜，對他言聽計從，不論昌他說什麼都一一照辦。

昌他叛逃，而且還是逃到敵對的東周，西周王恨得咬牙切齒，不除掉這個心腹之患，他一日也不得安寧。

西周的大臣馮且，見到西周王為昌他叛逃一事，寢食不安，便進宮安慰道：「大王不必為昌他憂慮了，臣有辦法為王室除掉這個叛逆。」

西周王感激地說：「先生能為王室除掉叛臣，孤願舉國聽命，不知先生要調用多少軍隊車乘？」

「不需要大王勞師動眾，臣只要寫下一封書信，昌他不日即可人頭落地。」馮且輕鬆地笑了笑，胸有成竹地說。西周王雖有疑惑，但還是信了馮且。

馮且回去之後，收買了一位往來於東周及西周做生意的商人，囑託他帶給昌他一封密信，上面寫著：「事若辦妥，當速引兵入境。若急切不能成事，可趕快回來。事不宜遲，拖久恐敗露，性命難保。」商人走後，馮且又派人將這一祕密故意透露給東周邊境的守將，說今晚有西周奸細扮作商人進入東周。

東周守將聞報不敢大意，仔細檢查來往的人，當晚果然在邊境上抓住了那個給昌他送信的人，搜出了那封密信。

東周王看了馮且寫給昌他的信，認定昌他是西周派來的間諜。為防止他設法逃跑，立即下令把他殺了，幫西周除去心頭大患。

東周王輕信了傳言，中了馮且設下的反間計，損失了一個可能打敗西周的機會。

我們對於獲得的資訊，往往忘了去檢查它的真偽，有時候成與敗就取決於資訊的準確度。

資訊的正確度，比取得資訊這件事更為重要，雖然這兩件事都不是易事，但要做大事的話，就不能犯下這個錯誤。

像現在網路普遍，如果要寫一篇專業的文章，上網搜尋，可以輕易查到上百篇的相關文章，但若沒有檢視它的正確性而套用，反而貽笑大方。我們在收集資訊的時候，更應該要注意準確度，最好的方式，就是訓練明辨別真偽的能力，不要聽到什麼消息，就全盤接收。

聰明的人善於理性分析，愚蠢的人將傳聞作為決策的依據，取得資訊後，千萬記得要懂得分真偽。

第九則

隨時提高警覺心

「位極者高危，自守者身全。」樹大招風，想要明哲保身，還是要提高警覺，免得遭人陷害。

郭子儀自從平定安史之亂，軍功顯赫，威極一時，他被封為汾陽王，大家都很看重他。

當他年紀大了，開始沉湎於笙簫歌舞之間，不但姬妾滿堂，絲竹不絕。有時免不了會有些客人來訪，郭子儀還請他們進入內室，並且命姬妾侍候。

他的子女們覺得父翁身為國家大臣，這樣子總是不太好，也不知向他勸諫了多少次，郭子儀嘆氣的道：

「唉！你們是不曉得的。一個人要是功高爵重，難免會引人妒嫉的。現在我可以說是位極人臣，親人受我蔭祿的也不下千人，真是受盡恩寵。但是，誰能保證沒人在暗中算計我們，扯我們的後腿？一旦被抓住把柄，告上一狀，那豈不是大禍臨頭了。現在我是『無事不可對人言』，無所隱私，那麼他人就無可藉口了。」子女們覺得他的話有道理，也就沒話說了。

有一天，盧杞來求見。盧杞為人狡詐，又忌能妒賢，顏真卿、張鎰等人都被他陷害過。而且他「貌陋而色如藍，人皆鬼視之」，看到他的人，無不睜大了眼睛。

而這一次，郭子儀把姬妾都摒退，只叫孩子們來禮見，和盧杞所談的也不過是些瑣碎家常，絕不談及國家大事。等盧杞走後，孩子們就向父親請教。

「這你們又不懂了。」郭子儀說，「我這是避免將來的災禍啊！因為我這些姬妾見到長相差的客人，往往會笑個不停。今天來的盧杞長相奇醜，性又驕悍，她們必然會忍俊不禁。如果盧杞記恨在心，我們豈不要惹來麻煩。我之所以摒退姬妾，只把你們叫來，就是為了免除這個禍啊！」

聰明的人都明白居安思危的道理，尤其是在封建王朝時代，不知什麼時候，這刀就架在了官員的脖子上？也難怪郭子儀如此謹慎。

太過安逸的環境，會讓人惰怠，但我們別忘了，還有強敵虎視眈眈等著將我們消滅。一個成功的人，即使已經達成目標，也不會志得意滿，因為他明白必須時時保持警惕，免得被其他人追過去。

郭子儀讓我們明白即使已經封王，也不能因此懈怠，四周還有許多危機，要保護好自己，就不能被安逸的環境消滅警覺性，得隨時提高戒備。莎士比亞曾說：「淌著眼淚的鱷魚，裝出一副可憐相，把善心的過路人騙到嘴裡。」就提醒大家警覺性的重要。

第十則

凡事多想幾步棋

花點時間，分析所有利弊，再看自己能不能承受風險和損失，便能為自己帶來滿意的結果。

秦始皇一統天下之後，便刻了一塊玉璽，當傳達詔令時，這塊玉璽便會蓋在封泥上，作為憑證，其後世代相傳，作為取得皇位的憑證。

元末時，朱元璋起義，元順帝敗走，他攜帶玉璽潛入大漠，自此中原失傳此玉璽。

明代時，梅國楨總督西北軍務時，北方韃靼部落的首領，得到了這塊玉璽，興沖沖地趕來見梅國楨，說：「當今的皇上聖明，玉璽失而復現，請代為上報朝廷。」

梅國楨說：「你把玉璽拿出來看一下是真是假。」韃靼首領說：「此玉璽是歷代皇帝承受天命主宰中國的象徵，我怎能隨便帶在身邊呢？我這裡有蓋在黃絹上的璽印，請呈給皇上以辨真偽，然後我再隆重獻上。」說著，便將那塊黃絹拿了出來，讓梅國楨過目。

梅國楨沉吟了一下，說：「我們聖上不缺國寶，你那塊玉璽縱然是真的，也沒多少用處，我不敢將此事輕率上奏。念你一片好意，賞你黃金一錠，連同你的黃絹一同帶回去吧！」那首領一聽，大失所望，悻悻地走了。

那首領一離開，手下的人便說：「這玉璽復出，乃是祥瑞之事，您怎麼不報告聖上，而這樣將他打發走了呢？」

梅國楨說：「王者擁有天下，在於有德，而不在於手上是否握有什麼寶器？那異族首領將此玉璽視為奇貨，我若貿然上奏聖上，那異族首領就有了要脅我的本錢了。若聖上下旨來要，而那首領又以此要脅我們，我們怎麼辦呢？」手下人這才恍然大悟，都佩服梅國楨有遠見卓識。

梅國楨善於分析敵人的舉動，看透了他們的用心，巧妙處理，避免自己陷入兩難的地步，避免受人要脅。

我們處在這個世上，很有可能一不小心，就落入陷阱，或成為別人的棋子，受制於人。這需要用敏銳的洞察力，如獵鷹一般的銳利，來識破對方的詭計並機智應對。

做任何事情，都要想遠一點，不能只看眼前的表象，凡事需要深思熟慮，才能駛得萬年船。

好比下棋吧？為什麼兩方的棋士，都要花上一陣子，才會移動下一步的棋子？因為他們必須要把所有的可能性都想一遍，才不會讓自己陷入困境。棋盤就像人生，變幻莫測，我們想要安穩的走到後面，就要替自己多想幾步。

思考，是最值得投資的時間，遇到事情時，多動動腦，能夠為我們免除不必要的災禍。

第十章

自立自強，走向成功

第一則

得道多助，失道寡助

「得民心者得天下，失民心者失天下。」即使是權貴之人，如果失去民心，也不會有好結局。

有一年，重陽節就要到了，宋太宗遍請諸王，大擺酒宴。只是楚王元佐剛巧生病，太宗因此沒請這位太子參加宴席。

太子後來知道這件事之後，非常生氣，竟遷怒他人，除了大吼大叫，還把他宮中的姬妾統統關起來，放火燒宮。只聽太子東營內外，慘叫聲震天，有如人間煉獄，令人聽了都起雞皮疙瘩。這場大火，足足燒了三天三夜才熄滅。

聽到這件事，太宗生氣極了，太子自從得了精神病之後，就像野獸一般殘忍，左右侍從稍有過錯就會被射殺至死，瘋癲多時。如今竟然鬧出這種大事？

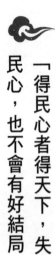

想到這兒，太宗的氣就上來，猛拍御書案，大怒說：「廢了他，廢了他！我要另立太子！來人啊！把寇大人找過來。」

宋太宗所說的寇大人，乃是鄆州通判寇準，寇準接到命令，過來晉見太宗。太宗親自召見他，並摒退左右，悄聲問道：「愛卿幫朕解個難題如何？」寇準則道：「陛下有何困擾？」

「東宮太子破壞王法，遲早會像夏桀商紂那樣兇惡，我想廢了他。但東宮有不少兵將，萬一不慎，我怕引起宮內大亂。」太宗大傷腦筋。

寇準明白太宗的用心，他想了想，獻上一計：「三天之後上午，請陛下令東宮太子去祖廟舉行儀式，讓他帶左右侍從一同前往。如此這般……」他在太宗耳邊訴說著他的主意。

三天後，元佐接到命令，要他去祖廟舉行儀式，他心花怒放，帶著大批侍衛，耀武揚威地奔向祖廟。

在古代，去祖廟舉行儀式必須是身分顯赫的人才能進行，元佐向來驕傲，接到這個命令，自然不會推拖，他高高興興的前往祖廟。

他前腳一離開，太宗的人後腳就進入東宮，他們在裡面搜查，想要找到太子非法的證據。最後，他們搜出很多兇殘的刑具，這些刑具的作用，是拿來割肉、挑筋、摘舌等物，所有的人看到這些刑具，都大皺眉頭，產生強烈的反感。

等元佐從祖廟回來之後，太宗派來的太監和侍衛，早站在門口，元佐還以為他們是來迎接他的，等到他看到被搜出的大批違法罪證，縱使想再辯駁也無從抵賴，只好低頭認罪。

當晚，太宗降下聖旨，廢了元佐的太子之位，朝野一片歡騰。

元佐逞一己之慾，殘害他人，甚至把自己的姬妾都燒死了，這樣的人被廢去太子，也不過是剛好而已。

為人在世，求得不過是一個「道」而已，這個「道」涵蓋很多，除了自身的修練，還有對社會、百姓的福祉，是大仁、大義的表現。佛教也有小乘佛教、大乘佛教，小乘修得也是道，普渡的是自己，大乘修得也是道，普渡的是蒼生，佛教的修行和儒家講的「道」類似，但都脫離不了一個「仁」。

唯「仁」方有慈悲，才會為眾人著想，一個為他人著想的人，他人也才會信服、歸順於他。當一個人失去了慈悲心，就已經失去了「道」，眾人也就越來越遠離他了。

我們如果希望人家能好好待我們，前題是，也要好好愛護你周遭的人，才能得到人心。至於那些逆「道」的人，還想求得民心，無異是緣木求魚。

第二則

心胸豁達大丈夫

一個胸懷大志的人，是不會計較雞毛蒜皮的小事，成大事者要不拘小節，他們縱觀大局、行大仁義。

劉邦消滅了西楚霸王項羽，平定天下，登基做了皇帝。登基之後，其中一件事就是論功行賞，大封群臣。

劉邦首先加封了二十多名大功臣，公布了他們的名字。之後，諸位將領都眼睜睜瞅著王侯的座位，相互之間都在比功勞。這使得劉邦左右為難，封了這個，另外一個功勞也不小；封了另外一個，這一個也不能不封。拖延了很久，第二批名單仍然沒有公布。

過了好一陣子，封賞的事情不見動靜，將領們不安起來了，有的埋怨劉邦是不是忘了交情，換了位置就換了腦袋？有的人則想到從前做過對不起劉邦的事，擔心劉邦會揪小辮子，要治他們的罪。有的人害怕了，就勾結起來，圖謀叛變。氣氛一片詭譎。

這一天，劉邦站在洛陽南宮的天橋上欣賞風景，看見底下有許多將領三三兩兩地坐著，像是在祕密討論什麼事情，他感到奇怪，就派人叫來張良，問他發生什麼事？

張良說：「陛下不知道出了什麼事情嗎？他們是在謀反呀！」劉邦聞言，大吃一驚，他覺得很奇怪：「天下已經平定，我正要論功行賞，他們為什麼要造反呢？」

張良回答說：「陛下有所不知。您是出身平民，如今取得天下，應該想方設法安定人心才是，而您分封的功臣都是您的親信、同鄉，大家為陛下征戰多年，只盼著能立功受賞，封妻蔭子。如今遲遲不見動靜，他們擔心您還記著他們的過失，只好商量謀反。」

劉邦嚇出一頭冷汗，問張良：「那我該怎麼辦呢？」張良反問：「在這些功臣當中，您最恨誰呢？」劉邦說：「大家都知道，雍齒在我危難時落井下石，幾乎要了我的命。要不是他為我立了大功，我早就把他殺了。」張良說：「那好，我請您馬上封雍齒為侯。」

「可是……」劉邦有些為難，張良立刻道：「別人一看您最恨的人都得到封賞，自然就會放下心。」劉邦立刻明白他的意思。

不久之後，劉邦大宴群臣，親自給雍齒祝酒，趁著大家都高興的時候，又當眾宣布封他為什方侯，接著將給所有的功臣封賞。

酒宴之後，將領們都放心了。他們說：「連雍齒這樣的人都受封為侯，我們還擔心什麼？」一場謀反煙消雲散。

有些人斤斤計較，只要別人有一點對不起他的地方，他就懷恨在心。殊不知，這樣只會限制了自己的作為。

而劉邦可以原諒別人的過錯，為他贏得更多的人才，亦為後來的霸業奠定了基礎，就在於他的氣度。況且，劉邦已經成王了，雍齒就算曾經加害過他，但也不敢再動手，劉邦又有什麼好擔心的呢？而封侯之後，雍齒心存感激，也就能被劉邦所用了。

過去恩怨是非，就隨風而去吧！不如一笑泯恩仇，將時間跟精力，花在更值得注意的事情。

大丈夫不拘小節，以寬闊的心胸及恢弘的氣度，自然能行天下事。只記得舊仇，氣量狹小的人，是沒有什麼作為的。

第三則

嚴於律己，寬以待人

「水至清則無魚，人至察則無友。」一個對一切都容不下的人，只會讓自己跟這個社會過不去。

三國時，曹魏的戰鬥力很強，這跟曹操的嚴法治軍有關，只要士兵犯法，就會有處罰。

有一次，曹操的親衛庫吏查驗倉庫時，發現曹操騎馬作戰所用的馬鞍子被老鼠咬了個洞，庫吏大吃一驚，知道大禍臨頭了。

這副馬鞍子不但製作精良，還鑲嵌著寶石，是曹操任濟南相剛發跡時請人製作的，曹操將它視為吉兆，每有大戰時必佩此馬鞍。現在卻被老鼠咬壞了，曹操哪能不怪罪呢？一旦曹操發怒，說不定自己的腦袋也會保不住，庫吏想到這裡，急得痛哭失聲。

正巧，曹操最寵愛、最聰明的兒子曹沖路過庫房，聽見哭聲便來到倉庫。

「你為什麼要哭呢？」曹沖詢問。庫吏見是曹沖，便把馬鞍拿出來給他看，又繼續哭泣。曹沖看了之後，不明所以，於是問：「保管不善，不過被打幾下罷了！犯得著這樣痛哭嗎？」

庫吏抹去眼淚，嘆了口氣，說：「少主有所不知，此地的風俗，老鼠咬破了誰的衣服，就認為會有禍事臨頭。如今老鼠把主公的馬鞍子咬破了，主公能放過我嗎？我死不足惜，只是家裡還有母親跟幼子，我死後他們又要由誰撫養呢？」說完又哭起來。

曹沖聽完，眼珠轉了兩下，遂說：「你先別報告上去，我叫你過去時，你再過去。」庫吏點點頭，不明白這小主人有什麼妙計？

曹沖回到自己房中，找來剪刀，在自己衣服上剪了幾個洞，弄得活像被老鼠咬過。然後去見曹操，滿面憂色。

曹操最得意、最寵愛的便是這位「智秤大象」的兒子，見他一臉哀傷，忙問：「怎麼了？」

曹沖裝出憂心忡忡地說：「人家都講被老鼠咬了東西，主人會倒楣，如今兒子的衣服被老鼠咬了，看來將有倒楣的事降臨到我頭上。」

曹操聽後，哈哈大笑，連忙安慰曹沖說：「命在己而不在天，說老鼠咬破了衣服主人會倒楣，那是胡言迷信。只要自己小心行事就沒事的，放心吧！」曹沖裝作轉憂為喜的樣子，高興地蹦跳著跑了。

曹沖來到庫房，叫庫吏馬上去稟告曹操，庫吏上前領罪。曹操聽到自己的東西被破壞，剛要發怒，忽然發現曹沖站在門口，知道曹沖剛才的用意了。

他一笑，說道：「沒關係，沖兒的衣服穿在身上都被老鼠咬了，何況放在庫房內的東西呢？」

曹沖原本準備形勢不好，就要進去救人，聽了曹操這麼講，偷偷一笑，跑走了。

曹沖巧施小計，救了庫吏一命，我們看到了他過人的智慧，更看到了他一顆寬容的心。

人非聖賢，孰能無過？我們細想自己的人生中，就沒有犯過丁點錯嗎？

犯錯的時候，已經夠懊惱了，光是這一點，就已經對犯錯的人是個很大的懲罰了，他將被自己的愧疚啃蝕，被自己的良心鞭笞，責罰他們於事無補，只會讓他人怨恨自己罷了！

如果這個人是因粗心、糊塗，而犯了錯誤，連一個補償的機會都沒有，也是個遺憾。

人與人相處，不能冷冰冰的，是有感情、溫度的，過於嚴苛只會造成距離，或許在行賞刑罰當中，能夠收到立即的效果，但長遠來講，帶人需帶心，所以曹操也就原諒了庫吏。事情可以求快速的結果，也可以求圓滿的結局，端看如何取捨？

犯錯的人，也不要拿著他人的原諒而不懂得自我反省，更應該藉著這個機會改進自己，求一個革新的機會。得饒人處且饒人，多一點寬容，讓這個社會更和諧。

第四則

生活的高手，從來不讓情緒控制自己

人如果經常發怒，意味著自控能力極差，素質欠佳，容易因衝動而喪失理智，做出錯誤的決定。

西元二〇三年，曹操大兵伐吳，水陸並進，大有一舉吞併東吳之勢。這時諸葛亮已被劉備請出山，助他復興漢室。

諸葛亮分析天下形勢，認為劉備尚無立足之地，還不足與曹操抗衡。而唯一可與曹操抵抗的，只有東吳一家，但是東吳內部的一部分人馬，卻被曹操的氣勢所嚇倒，力主降曹。一旦東吳降曹，那麼曹操馬上就會全力對付劉備，劉備的滅亡之日也就到了。

諸葛亮權衡形勢，定下聯吳抗曹之計。為了實現這一計畫，他孤身一人，前去江東，意欲制服投降派，幫助東吳抗擊曹兵。

當時，東吳的主降派是張昭等一班謀士，主戰派則是以都督周瑜為領導，而國主孫權卻持觀望態度，搞得周瑜也沒輒。

諸葛亮明白若要說服孫權抗曹，首先要堅定周瑜的決心。於是他透過老朋友，也就是東吳重臣魯肅的關係，前去拜見周瑜。

周瑜是何等聰明人！他一聽說諸葛亮來訪，就明白劉備打算鼓動東吳抗曹，實際上是為日後自保的意圖。說起周瑜的聰明才智，並不亞於諸葛亮，只是心胸氣量上略遜於孔明。他希望利用這個機會，可以挫挫諸葛亮的銳氣，他便可以大顯威風。

於是，當諸葛亮進來之後，言談之間，周瑜一反常態，故意說些投降曹操的話。魯肅是個老實人，一聽周瑜說要降曹，連忙好言相勸，周瑜和他爭論起來。諸葛亮卻看透了周瑜的把戲，只在那裡笑而不搭話。

諸葛亮沒有反應，這倒讓周瑜沒戲唱了，他只好問諸葛亮為何而笑，諸葛亮輕聲說：「我笑子敬不識時務。」子敬是魯肅的字。而這句話表面上是說魯肅不識形勢嚴峻，實際上是笑魯肅看不透周瑜的鬼把戲。

諸葛亮順著周瑜的話，列舉了曹操東征西戰，殲滅各路諸侯的光榮戰績，簡直是長他人志氣、滅自己威風，周瑜不禁火惱起來，而諸葛亮最後還說：「周將軍決計降曹，這是明智之舉，可以保全妻子仍享榮華。至於東吳社稷存亡，那是天命了。」一席話把魯肅說得大怒，痛斥周瑜不為國家著想。

周瑜怎會不知道諸葛亮的諷刺？他聽諸葛亮的話時，早已怒火中燒，但他並沒有放棄，決心與諸葛亮周旋下去。

於是周瑜說：「如此看來，諸葛先生也主張降曹，那我將勸說主公，向曹操獻上降表，割地求和。」

諸葛亮笑了笑，祭出重招，他輕聲說：「何用割地，只要獻上兩人，曹操就馬上收兵。只要將江東喬公之二女獻給曹操，此事就成了。」周瑜一聽，火直往上衝，因為那天下聞名的江東二喬，已分別嫁給孫策和周瑜。

周瑜強壓火氣，反問原因，諸葛亮接著說：「曹操建銅雀台，收羅天下之美女，指名要得江東二喬以娛晚年，今次大兵壓境，沒準就是這個意思。將軍只要花點錢，從喬老公手中把這二喬買來獻上。那樣，曹操馬上就會退兵的。」諸葛亮裝作不知大喬已嫁孫策，小喬已嫁周瑜，故意激他。

周瑜再也忍不住了，破口大罵：「曹賊欺我太甚！」諸葛亮依舊裝糊塗，笑著說：「哎，將軍之言差矣！昔日天子讓公主出塞和親，以免匈奴掠邊，您怎麼連兩個民女也捨不得！」

周瑜已被氣糊塗了，說明：「那大喬和小喬已分別嫁給先主和我了。」諸葛亮佯裝大驚，起身施禮說：「將軍恕罪，亮實不知情，才這等胡說的。」

周瑜仍大怒：「曹賊欺我太甚，我誓與其拚殺到底！」諸葛亮一見周瑜中了激將法，心中暗笑，但表面上仍裝作冷靜地說：「將軍三思而後行，曹操勢力確實不小啊！」直把周瑜氣得臉色發青。

諸葛亮先用「奪國」，後用「奪妻」，層層進逼，終於把周瑜激怒了，控制局面。

周瑜原本是想挫挫諸葛亮的銳氣，沒想到反而被他激起怒氣，孔明不過幾句話，他就破了功，連周瑜這足智多謀的將才都被孔明耍得團團轉，我們更應該警惕控制自己的脾氣。

一個人如果無法控制自己的脾氣，不要說大事，甚至在日常生活，也很容易引起糾紛。就像有人為了停車格的位置，互不相讓，針鋒相對，大打出手，為了一件小事而鬧上警局，得不償失。脾氣來的時候，什麼不好聽的話都容易出口，要是因此而鬧上法庭，懊悔莫及。

控制自己的脾氣，是個人的修養、也是修練，同時也可以省去麻煩，我們要懂得控制、收斂自己的脾氣，而不是讓脾氣成為我們的主人。

第五則

不要被感覺帶著走

做事不能憑感覺，意氣用事必有麻煩。只有理性行事才不會出現差錯，不使自己後悔莫及。

劉備趁著吳、曹大戰，巧奪荊州後，東吳對於此事一直耿耿於懷，伺機奪取。而劉備也看透了這一點，他在取得蜀川後留下最得力的大將關羽鎮守荊州。

關羽雖威猛，但東吳一直沒有放棄荊州，派了大將呂蒙駐在陸口，以抵擋蜀國劉備進攻，伺機奪取。但關羽謹慎，不輕易對外用兵，只保持軍事優勢，致使呂蒙無處下手。

日久天長，關羽見東吳不敢妄動，又見其他的將領，跟著諸葛亮東征西伐，立下不少汗馬功勞，而自己卻只能靜守沒半點事績，便想做點大事。

這時，曹仁所駐守的樊城兵力空虛，關羽便打起樊城的主意，想要奪下樊城立點功勞，但又怕東吳會趁這時來奪荊州，舉棋不定。

呂蒙得到消息，心想機會來了，他為了強化關羽去戰曹仁的決心，便假裝有病而回建業去。臨走前，呂蒙任命尚無名聲卻熟讀兵書的陸遜為右都督，代替自己鎮守陸口。關羽聽到消息，以為沒有後顧之憂，便準備進軍樊城。

這時，新上任的陸遜為了讓關羽離開荊州，獻給關羽一封信，信上說：「久聞關將軍威名，可以與晉文公、韓信齊名。自己是一介書生，不懂軍事，今後還得仰仗將軍看顧，保持兩軍相安無事便足願矣。」關羽得了此信，信以為真，馬上進軍樊城。

話說關羽離開荊州，帶走了大批軍力，致使荊州兵力空虛。呂蒙探到消息，便從建業發水軍，直指荊州。呂蒙與陸遜會合後，把兵船扮成商船模樣，沿著漢水，上溯至荊州。就在關羽水淹於禁等七軍之後，呂蒙、陸遜也拿下荊州。

關羽急於建功立業，意氣用事，輕信了陸遜的話，最後大意失荊州，陰溝裡摔了個跤。

許多人辦事只逞一時之意氣，那是他們缺乏耐性，焦躁不安，要不然就是看輕敵手，失去警戒，關羽在失去荊州這件事上，就是後者。不論是哪種狀況都缺乏沉穩、理智。想要做大事的人，絕對不能憑感覺行事，要不然只會懊悔莫及。

凡事都需要靠嚴謹的思慮、縝密的規劃，唯有保持清明的腦袋，不被自己的情緒所影響，才不會讓衝動壞了計畫，才能夠在商場、職場上，站一席之地。

面對情勢的變化，我們的情緒往往會因而波動，在這個時候更需要堅定自己的心性，如此便可以避免很多意外，只要我們堅持初衷，再伺機行動，必有一番作為。

第六則

做一個勇於實踐的人

除了思想，還得付出實際行動。勇於實踐才能出真知。光想不做，光學不用都於己無益！

中國的四大發明分別是：火藥、指南針、造紙和印刷術。而印刷術的活字印刷是宋代人畢昇發明的，比起歐洲的活字印刷還要早很多年。

畢昇是杭州一家印書作坊的工人。起初，他在作坊裡學刻字，把一個個漢字雕在木板上，這就是雕版印刷。畢昇刻的字又整齊又漂亮，作坊裡的人都很尊重他。

有一次，作坊裡要趕印一本書，但由於一位刻字工人在一片的版子上，刻錯了一個字，整個版面就報廢了，不僅浪費了人力和物力，還耽誤了工期。

畢昇看了之後，心想：「如果整個版子上的每個字都是活動式的，刻錯了，能隨時換一個該多好啊！」

他又想：「書一印完，版子就沒用了，要是用一個個單字來排版，印完一本書，拆了版就可以排別的書，不是又省時又省力嗎？」畢昇不光是想，他還付諸行動，開始試著刻木頭的活字，但效果並不理想。

過了一陣子，有一次畢昇到一個窯廠看一位朋友，看到工匠們正在裡面製坯燒窯，製作陶器，他看著看著忽然有了想法。

回來之後，他學窯廠裡工匠製作陶坯的樣子，先用泥土做成一個個小型長方體，把頂端切平後，像刻圖章一樣，刻上一個個單字，再放到窯中去燒，等到燒好後，他又把每個字按照韻排列好，以便查用。每次要印書的時候，他就將需要的字一個個撿出來，按書稿的要求，一行一行排在鐵板上，周圍再用鐵框壓緊。這樣，一個活字版就做好了。

可是，最初的活版毛病竟出在「活」字上。因為印書的時候，印多了，字就擺不平整，有的字印出來了，模模糊糊看不清，甚至印不出來。

畢昇遇到困難，他並不放棄，又進一步研究，改進了組版的方法。

為了使每一塊活字版，形成平整堅固的整體，他除了在版子的周圍用鐵框固定，還預先在鐵框上放進一些松脂、蠟，這是可以黏合的材料，然後他再將鐵框放在火上烘烤，黏合的材料就熔化了，他再趁熱用木板把活字壓平、冷卻後，平整的活字就牢牢地固定在鐵框裡了。

印完後，畢昇再將鐵板烤熱，松香和蠟熔化了，他就可以將活字一個個拆下來，保存好以後再用。

可惜的是，在當時畢昇這項具有世界意義的重大發明，並沒有引起人們的重視，也沒有得到推廣。畢昇死後，他製作的活字版印刷被宋代科學家沈括的祖上收藏起來。

後來，沈括在他所著的《夢溪筆談》裡記錄了這項發明，才使活字印刷術流傳下來。

一個人即使很聰明、很有學識，如果不懂得實際運用，也就沒有用了，畢昇如果只是把他的想法放在腦中，十年、二十年後，印刷的技術還是一樣，一點進步也沒有。

很多人總是說如果我在那時候怎麼樣，現在就不會如此了。言下之意，彷彿他們的想法非常偉大，只是沒有做罷了！然而，一個沒有透過「實踐」的夢想，只是紙上談兵，除了拿出來聊天、說嘴，沒有其他作用。這樣的人，永遠只能抱著自己的夢想，而不是實踐夢想。

坐而言不如起而行，如果當時他有所動作，現在還會坐在一旁懊悔嗎？不要讓我們的夢想成為空談，好好去把它落實吧！唯有「行動」，才能讓我們的夢想真正實踐！

第七則

處變不驚，終成大事

衝動只會壞事，慌張則一事無成，面對任何意外都不要被情緒左右，抱以平常心就能渡過險境。

西元二一五年，曹操率領大軍討伐張魯，在合肥留下七千守軍和一封信，信封上寫道：「敵人來了，再打開看。」

八月，孫權軍隊果然帶領十萬人馬圍攻合肥。此時，合肥城內有張遼、李典、樂進率七千人馬屯兵駐守。

孫權大兵到達，張遼等人急忙打開信，信中寫著：「孫權若攻打，由張、李將軍出戰迎敵，樂將軍守城，護軍不要參戰。」

將軍們認為寡不敵眾，都懷疑曹操的指示有問題。張遼說：「魏公遠征張魯，等他派救兵到這，我們已經被攻破了。所以他在信中指示，在敵人安排妥當前，先給予迎頭痛擊，摧折敵軍氣焰，方能安定我軍軍心，然後才可回城固守。」樂進等人都沈默不語。

張遼氣憤地說：「勝負成敗，在此一戰。諸位若還猶豫不決，我張遼獨自決一死戰便是。」

李典原本與張遼不和，此刻卻感慨地說：「這是國家大事，您的計謀是為國家著想，我怎麼能因為私人的恩怨而損害公義呢！好！我將和您一起出戰。」於是，張遼當夜募集敢死隊員八百人，殺牛設宴，隆重犒勞他們。

第二天清晨，張遼身穿鐵甲，手持戰戟，他身先士卒，衝鋒陷陣，殺了數十名敵人，斬了兩員大將高喊著自己的名字，衝破敵兵營壘直殺到孫權的大旗下。

孫權未料到張遼如此勇猛，心下大驚，急忙退到一座高丘上，用長戟自衛。張遼大聲叫喊著，要孫權下來決一死戰，孫權偏不應戰。等他靜下心來，看到張遼的人馬並不多，才下令將張遼重重包圍。

張遼被圍，急忙突破，身邊卻僅帶出數十人，他還來不及逃出，陷在敵陣中的手下則高喊：「將軍要拋棄我們嗎？」張遼聞言，又返身殺回，再度衝出重圍，救出其餘的戰士。孫權的人馬都望風披靡，不敢抵擋。

這場戰事，從清晨一直戰到中午，東吳的士兵十分沮喪，全無鬥志。張遼則命令回城，部署守城，整修城防，軍心開始安定下來。

孫權圍攻合肥十多天，始終無法破城，只好撤軍。士兵們集合列隊上路，孫權和部下將領們還在逍遙津北岸，被張遼發現，張遼率步騎兵急忙殺到，而孫權的手下甘甯、呂蒙等人奮力抵禦，淩統率領親兵，攙扶孫權衝出包圍，又殺進去與張遼奮戰，不但身邊的戰士全部戰死，他自己也受了傷，估計孫權已無危險，他才撤回。

孫權乘著駿馬來到逍遙津橋上，橋南邊的橋板已經撤去，親兵監谷利在孫權馬後，要孫權坐穩馬鞍，放鬆韁繩，他在後面猛加一鞭，戰馬騰空躍起，如箭般射向南岸。賀齊率三千人在南岸迎接，孫權因而倖免於難。

孫權登上大船，在船艙設宴飲酒壓驚，賀齊從席間走出，流著淚說：「主公貴為一國之尊，做事應處處小心謹慎，今天的事情，幾乎造成巨大災難。我們這些部屬深感震驚，如同天塌地陷，希望您永遠記住這一教訓。」

孫權親自上前為賀齊擦去眼淚說：「我很慚愧，一定把這次的教訓銘刻在心，絕不僅僅用筆記錄下來就算了事。」

此次孫權率大軍出征，以為能夠憑藉懸殊的兵力，強取豪奪，卻沒有個萬無一失的戰略準備，反被逼入絕境，險些送命，他沒想到張遼等人才七千兵馬，竟可破他十萬大軍？

張遼、李典、樂進等人，在沒有曹操的帶領下，竟然可以抵禦孫權？除了曹操深諳他們的個性及武力，妥善安排，更重要的是他們面對孫權的大批軍馬時，並不慌亂，除了照著指示，更沉穩的面對大軍的挑戰。

我們遇到事時，也應當定下心來，不論風吹草動，都不能亂搖我們的心。凡做大事的人，任何事情都不會讓他驚慌。看看那些英雄豪傑，每個人都見過多少大場面，對他們來說，再危險的局面，也不過是經歷。

曾國藩：「恆言平穩二字極可玩，蓋天下之事，惟平則穩。行險亦有得的，終是不穩，故君子居易。」在面對任何事，最重要的就是沉穩，如此才能夠做出正確的決策，而不至於犯下錯誤。

第八則

萬事通才能解萬事

在複雜多變的環境中，我們要多方掌握資訊，才能夠處理重要事務及解決問題。

無頭屍在古今的兇殺案中，屢見不鮮，由於看不見死者的真面目，而給辦案人員增加了許多難度，稍一疏忽就會造成冤案，而使真凶逍遙法外。

北宋年間，在一個縣城的大堂上，一位身強力壯的漢子，被打得皮開肉綻，血流如注，其慘叫聲令人毛骨悚然！但他仍不承認自己殺人，結果又是被毒打一頓。

郡守會這麼做是有原因的，因為這名漢子被人狀告殺了妻子，人命關天，郡守自然嚴峻。

只見那漢子即使被打仍不肯承認，只覺得冤屈，他哭訴道：「大老爺，我真的是冤枉啊！我外出做生意一個月，那天剛進家，忽見愛妻倒在血泊中，身首異處，頭都不見了。便急忙趕到岳父家，告訴他這件事，可是愛妻娘家的人卻一口咬定是我殺的，告我死罪。大堂之上，嚴刑逼供我實在受不了。如今想想，愛妻已經死了，我活著也沒意思，只求老爺賞我個痛快！讓我去陪陪愛妻吧！」

由於這名漢子堅不承認是自己殺人，又如此辯解，這時躲在幕後的師爺起了惻隱之心，同時疑雲也隨之團團湧出。

他從幕後踱到堂前，悄悄告訴郡守：「大人，人命關天，兒戲不得。一個做丈夫的豈會忍心殺死妻子？況且他又常常出門在外，即使存心殺妻，也會找些措詞好逃避罪責，比如病死，或是暴斃什麼的。如今死者身首異處，只見屍，不見首，其中必有文章。我看再細查一下吧！」

郡守覺得有理，就點點頭說：「交給你辦吧。」師爺欣然從命，他先把這個嫌犯關起來，然後命人吩咐全城的仵作，明天在郡守大堂集合。

仵作們得到命令，第二天都來了，師爺參與其中一副輕鬆悠閒的樣子，他時而談笑風生，時而問些鄉俗民情之事。仵作們見沒什麼要緊事都開始聊了起來。

師爺讓他們談談近日幫人安葬的瑣事，佯裝很感興趣，細問一些來龍去脈。這時，有一人漫不經心地說：「我在幫城東門一家大財主辦事時，聽人們講這財主殺了一個奶媽埋在西山亂葬崗了。」

師爺聽罷，心想有門路了。即刻派人按圖索驥，挖開墳墓，開棺驗屍，發現棺中只有一顆女人的腦袋！他馬上下令押那漢子來認，漢子道：「這不是我愛妻的！」

師爺回到郡衙，連忙將那財主傳訊上堂，三堂會審後，只見那財主臉如死灰，渾身發抖，不得不交待說：「我跟那漢子的婆娘私通，先殺了奶媽，砍下她的頭埋了，再給奶媽的身子穿上那婆娘的衣服，扔在漢子家裡以圖陷害，達到金屋藏嬌的目的。望請大老爺恕罪，饒我一命，小的再也不敢胡作非為啦！」

郡守自然不會放過殺人兇手，他下令判斬財主，替奶媽償命，又將婆娘訓斥了一番。那漢子當然無罪釋放了。

電影「〇〇七系列」中，多的是情報員前去竊走資訊，藉由多方的資訊，才能決定下一步要怎麼做？有些雖然看來奇幻，卻也讓人明白資訊的重要性。

我們面對事物時，如果沒有十成十的把握，就要多方面的搜尋資訊，以查出真相。好比警方辦案吧？如果不多方面的搜尋，又怎麼從各方的資訊當中，找出犯人呢？而我們在下決定時，也是依據不同的資訊而做決定。

資訊的存在，正是讓我們辨別，好下決策，沒有透過資訊驗證而做出的選擇，沒出事，也只是僥倖罷了！多方的資訊就像一道濾網，留下真相。

資訊不會親自來到我們身邊，需要我們主動去搜索求證，另一方面，也要查清楚資訊的真偽，掌握事情發展的動態，才能真正解決問題。

第九則

見微知著避禍害

任何災難的形成，都是由小到大，我們要防微杜漸，將災難和危險抑制在萌芽狀態，提早防範，才不致釀成大禍。

齊桓公在鮑叔牙的說服下，不計私仇，尊賢禮士，他拜管仲為相國，再用豐厚的俸祿請管仲做事，管仲感知遇之恩，竭忠盡智，修理國政，立綱陳紀，省刑罰，薄稅斂，銷山為錢，煮海為鹽，屯田練兵，不過幾年，就把齊國治理得民富兵強。

齊桓公豁達大度，用賢不疑，內尊王師，外攘四夷，在各國諸侯中樹立了威信，漸有稱霸中原之圖。

然而衛國的國君卻並不肯聽從齊國號令，經常反覆並多次毀約敗盟，齊桓公對衛國很是頭疼，他便和管仲討論要攻打衛國，以示懲戒。

這一天，齊桓公和管仲討論此事覺得很滿意，下了朝之後，回到寢宮準備休息，一個叫衛姬的妃子，看了桓公的臉色之後，忽然退到堂下，伏地向桓公拜倒，焦慮詢問桓公到底為了什麼要去攻打衛國？

桓公一驚，心想：「明明是極機密的事，她怎麼會知道呢？」於是扶起衛姬，問她怎麼會得知此事。

衛姬說：「您退朝回宮時，意氣高揚，威儀淩人，臉上有一股殺伐之氣自然流露出來。但一見到妾，態度就變溫和了，好像有幾分怕妾的樣子；以齊國今日威望，您誰都不怕，唯獨怕妾，肯定是念及衛國是我的父母之邦，有些不忍心罷了。所以妾猜想您一定是想伐衛了。」

桓公平時最寵衛姬，見她說破心機，愈佩服她的聰明，經不起美人兒的苦苦哀求，終於放棄了伐衛的念頭。

第二天上朝，桓公見到管仲，正在煩腦要怎麼跟管仲解釋？遲遲無法開口，管仲微微一笑，倒是先開口了：「主公不打算攻打衛國了，是嗎？」

桓公又是一驚，問道：「寡人尚未開口，相國怎麼知道我改變主意了？」

管仲說：「今日上朝，君臣相見，主公搶先向臣打拱作揖，執意讓我先行，與平日待臣的禮儀大不相同。對話之間，您又吞吞吐吐，似有難言之隱，我想主公肯定是為取消昨日伐衛計畫為難，恐臣對捨衛不滿。」桓公見管仲同樣道破他的心機，不禁哈哈大笑起來！

「齊國有這樣聰明機智的相國、王妃，真是寡人之幸啊！」接著，他又恭敬問管仲：「寡人確實改變了主意，相國何不教我一個既不攻打衛國，又可使衛侯臣服之策？」

管仲便寫了一封國書，令使者送給衛侯，曉以大義，訴之利害。衛侯觀後，親至齊國謝罪，從此成為聽命齊桓公的盟國。

一個生病的人，不會躺在病床上才發病，通常都是身體已經支撐不住，才倒了下去。一輛車子也不可能在良好的狀況下，突然在路邊動也不動，先前可能就已經熄火好幾次或出現怪聲了。

大大小小的災禍，其實在出現之前，就已經有了徵兆。衛姬能夠洞察細微，見微知著，想方設法，使齊桓公伐衛的想法泯於雛形，免除了戰爭的災難，就是靠她敏銳的觀察力。

任何事物發生之前，都有徵兆，或明顯、或隱晦，需要靠我們的觀察，讓它浮現，在它還沒釀成更大的災禍之前，先做防範。

我們在日常生活中，也可以多注意身邊所發生的大小事，透過細心的觀察，便可以避免災禍。

第十則

打造自己的人格魅力

人的靈魂和氣質決定了他的層次，一個有人格魅力的人，才能得到別人的尊敬和幫助。

有一天，魯國的大夫叔孫武叔，在朝廷對著其他官員說：「大家都說孔子了不起，我看子貢比他的老師強。」

子服景伯聽說此話後，轉達給子貢聽。子貢不以為然地笑笑說：「這話就不對啦！我怎麼及得上老師呢？就拿房屋的圍牆來比喻吧！我就像只到肩膀的高牆，每個人都可以一眼就看穿我，認為我很美好。而我的老師就像宗廟的圍牆，高達數丈，一般人找不到大門進去，就看不見宗廟裡的壯美。或許能夠找著大門的人不多吧？因此叔孫武叔老先生那麼說也是很自然的。」

後來，子貢又聽說大夫叔孫武叔譭謗自己的尊師孔子，心裡很是氣憤，他找到叔孫武叔說：「先生您不要這樣做！仲尼老師是譭謗不了的。別人的賢能好比小山丘，還可以越過；仲尼老師卻好比太陽和月亮一樣，是沒辦法超越的。有人縱然說著太陽、月亮的不是，可那對於太陽、月亮又有什麼損害呢？只是看出他太不自量力罷了！」

又有一次，有人對子貢說：「您對仲尼那麼恭敬，難道他真比您強嗎？」子貢說：「我的老師，平常人是沒辦法趕上他的，就像造了梯子想要一階一階的爬上去是不可能的。我的老師如果當上國家的君主，或是得到采邑而成為卿大夫，他要百姓站住腳跟，百姓便都自然站住腳跟。若引導百姓前進，百姓自然都跟著前進；若要安撫百姓，百姓自然都會前來投奔；若動員百姓，百姓自然會同心協力。他老人家生得光榮，死得可惜，別人怎麼能趕得上呢？」

孔子一生育人無數，潛心研究學問，傳承儒教，並留下不少發人深省的名言，並且為人處世折射了人格的魅力。因此，被後人稱頌為「至聖先師」、「萬世師表」。

一個能夠讓人打從心裡佩服的，不是因為他的穿著，也不是因為他的財富，可能是智慧，或是氣質。然而更高層的，則是一個人的人格，這些人即使不用說話，也會讓人心悅誠服，願意跟在他們身邊，聽著他們的智慧之語，或教導、或指示，只要跟他們在一起，就會覺得美好。

就像孔子，具有良好的人格魅力，人們只要懂得進入那道大門，便能領略宗廟之美，而視其他於無物。具有良好的人格魅力，才能贏得他人的尊敬；做一個有人格魅力的人，你的生命就會更精彩。

國家圖書館出版品預行編目資料

從歷史看做人、讀歷史巧做事 / 上官雲飛編著．——初版
——新北市：晶冠，2018.01
面；公分．——（智慧菁典系列；10）

ISBN 978-986-5852-95-5（平裝）

1. 謀略　2. 歷史故事

177　　106023199

智慧菁典　10

從歷史看做人、讀歷史巧做事

作　　者　上官雲飛
副總編輯　林美玲
特約編輯　傅嘉美
校　　對　謝函芳
封面設計　王心怡
出版發行　晶冠出版有限公司
電　　話　02-7731-5558
傳　　真　02-2245-1479
E-mail　ace.reading@gmail.com
部 落 格　http://acereading.pixnet.net/blog
總 代 理　旭昇圖書有限公司
電　　話　02-2245-1480（代表號）
傳　　真　02-2245-1479
郵政劃撥　12935041 旭昇圖書有限公司
地　　址　新北市中和區中山路二段352號2樓
E-mail　s1686688@ms31.hinet.net
旭昇悅讀網　http://ubooks.tw/
印　　製　福霖印刷有限公司
定　　價　新台幣299元
出版日期　2018年01月 初版一刷
ISBN-13　978-986-5852-95-5